长江经济带高质量发展丛书

长江经济带高质量发展指数评价研究

2021

张静 吴晗晗 汤鹏飞 陈丽媛 等著

长江出版社
CHANGJIANG PRESS

图书在版编目（CIP）数据

长江经济带高质量发展指数评价研究 . 2021 / 张静等著 .
—武汉：长江出版社，2023.6
ISBN 978-7-5492-8928-8

Ⅰ．①长… Ⅱ．①张… Ⅲ．①长江经济带－区域经济发展－研究报告－ 2021 Ⅳ．① F127.5

中国国家版本馆 CIP 数据核字 (2023) 第 112984 号

长江经济带高质量发展指数评价研究 . 2021
CHANGJIANGJINGJIDAIGAOZHILIANGFAZHANZHISHUPINGJIAYANJIU.2021
张静等　著

责任编辑：闫彬
装帧设计：刘斯佳
出版发行：长江出版社
地　　址：武汉市江岸区解放大道 1863 号
邮　　编：430010
网　　址：http://www.cjpress.com.cn
电　　话：027-82926557（总编室）
　　　　　027-82926806（市场营销部）
经　　销：各地新华书店
印　　刷：武汉新鸿业印务有限公司
规　　格：787mm×1092mm
开　　本：16
印　　张：10.5
字　　数：240 千字
版　　次：2023 年 6 月第 1 版
印　　次：2023 年 8 月第 1 次
书　　号：ISBN 978-7-5492-8928-8
定　　价：86.00 元

前 言

　　高质量发展指数评价是推动长江经济带高质量发展的重要环节。湖北省社会科学院研究团队聚焦长江经济带高质量发展,先后撰写出版了《长江经济带高质量发展指数报告》和《长江经济带高质量发展指数报告·2019》。为了保持研究的连续性和动态性,本报告学习贯彻习近平总书记关于长江经济带发展的重要讲话和指示批示精神,以长江经济带11个省市为研究对象,在已有研究成果基础上,立足新发展阶段,完整、准确、全面贯彻新发展理念,选取绿色、创新、协调、开放、共享五大领域的42项指标,测度了长江经济带2015—2020年的高质量发展指数,并围绕五大领域进行了深入分析、探讨,提出了相关对策建议。

　　本报告共分为七章。第一章为绪论,阐述了研究的背景及意义,从绿色发展、创新驱动、协调发展、对外开放、社会共享五大领域构建长江经济带高质量发展评价指标体系,对指标体系设计思路、构建过程、评价方法等进行系统分析。第二章重点分析了2020年长江经济带11个省市高质量发展指数结果,对指数进行了横向和纵向比较,对11个省市和上、中、下游指数进行比较,同时对2015—2020年高质量发展指数及分领域指数进行比较。第三章为长江经济带绿色发展报告,围绕资源利用、生态保护、生态供给等方面进行分析,并提出相关对策建议。第四章为长江经济带创新驱动发展报告,在分析长江经济带科技创新的环境、投入、产出和成效的基础上,总结提炼长江经济带创新驱动的典型案例与实践,并提出具体对策建议。第五章为长江经济带区域协调发展报告,从长江经济带11省市区域协调发展指标现状入手,归纳长江经济带区域协调发展典型案例,提出长江经济带区域协调发展的相关建议。第六章为长江经济带对外开放发展报告,通过对外开放基础和指数评价分析,挖掘长江经济带对外开放的举措与典型实践。第七章为长江经济带社会共享发展报告,围绕居民可支配收入、公共服务以及城乡发展等问题进行了现状和指数评价分析,并总结了长江经济11省市推动社会共享的举措和建议。

长江经济带高质量发展评价是一项系统工程,本报告期望通过不断优化评价指标体系和方法,为推动长江经济带高质量发展提供理论和实践层面的科学支撑。

目 录
CONTENTS

第一章　绪　论

党的十八大以来,习近平总书记多次考察长江,分别在重庆(2016 年)、武汉(2018 年)、南京(2020 年)主持召开长江经济带发展座谈会。跨越五年的三次座谈会,主题从"推动"到"深入推动"再到"全面推动",为长江经济带高质量发展水平评价体系的优化完善指明了方向、提供了根本遵循。

在《长江经济带高质量发展指数报告》及《长江经济带高质量发展指数报告·2019》基础上,本报告以习近平总书记在全面推动长江经济带发展座谈会上提出的:"谱写生态优先绿色发展新篇章,打造区域协调发展新样板,构筑高水平对外开放新高地,塑造创新驱动发展新优势,绘就山水人城和谐相融新画卷。"①为基础,并结合长江经济带 11 省市发展实际情况,进一步在指标体系构建和评价方法上完善长江经济带高质量发展评价。

第一节　指标评价体系构建

一、指标设计原则

(1)科学性原则。要求各级指标的概念、原理、定义和论证都能够客观合理地对评价对象进行评估。以科学的理论为基础,基于客观可靠的指标和科学的评价方法。高质量评价指标体系必须基于高质量发展内涵,选择合适的评价方法进行权重赋值和得分计算,对高质量发展水平作出客观评价。

(2)完备性原则。高质量发展是创新、协调、绿色、开放、共享的有机统一,注重经济发展过程中的提质增效、结构优化、生态环保、科技创新和社会公共服务等多方面问题。因此,高质量发展评价指标体系,应该全面反映 11 省市高质量发展在各个方面的表现。

(3)适用性原则。从宏观角度来看,我国指标体系通常有国家、省级、地市级和县级等层面的评价指标体系。从区域层面来说,不同区域现实情况不同,会影响某些评价指标的适用性。因此,在设计指标体系时,必须重视指标的适用性问题,从而更为精准地反映长江经济带经济发展质量。

---

① 习近平。使长江经济带成为我国生态优先绿色发展主战场(2020 年 11 月 14 日),《习近平谈治国理政第四卷》。北京:外文出版社,2022。

（4）可得性原则。统计指标有明确的来源，所选指标可从相关统计年鉴、政府官方网站、统计数据库、权威期刊、实地调研等途径获得。

（5）可比性原则。指标的选取能够保证个体之间的可比性。可比性要求每一项指标能够正确反映省市之间的差距，确保指标在横向比较中能反映评价对象的实际情况。

二、指标体系构建

高质量发展内涵丰富，是各种因素交织与共同作用的结果。任保平（2018）认为新时代中国高质量发展应包含有效性、协调性、创新性、持续性和分享性等方面的内容。师博和任保平（2018）从增长的基本面和社会成果两个层面构建了中国高质量发展指标体系。张文会等（2018）构建了包括创新驱动、结构优化、绿色发展等7个方面的指标体系，对制造业高质量发展进行了评价。刘尧远等（2019）从经济增长稳定、资源配置效率、居民生活质量、基础设施建设、科技创新能力、生态文明建设6个子系统出发，构建指标体系，对江苏沿海城市经济高质量发展水平进行测算。彭智敏等（2018，2020）从经济绩效、经济结构、科技创新、绿色环保和社会共享五个方面对长江经济带高质量发展进行评估。吕承超和崔悦（2020）认为中国经济高质量发展应包括经济活力、创新驱动、协调发展、绿色发展、开放发展和成果共享等六个方面的内容。

通过以往研究可以看出，高质量发展水平测度尽管存在不同的评价方案，但可以明显看出经济绩效、产业结构、科技创新及社会共享是衡量一个城市或一个区域高质量发展水平的主要内容。除此之外，对外开放、协调发展同样得到较多关注。归纳既有研究成果，本书认为，高质量发展实质上是一个城市或区域经济社会发展的综合评价，可以从经济社会发展基础、对外开放水平、科技创新能力、绿色环保与社会共享等多个方面考虑。因此，本书充分借鉴既有研究成果以及长江经济带"五新"发展要求，将各项指标进行分解与综合，兼顾数据的可获取性，确定绿色发展、创新驱动、协调发展、对外开放、社会共享5个二级指标，选取42个具体指标构建指标体系（表1-1）。

表 1-1　　　　　　　　　　长江经济带高质量发展指数评价指标体系

一级指标	二级指标	三级指标	单位
长江经济带高质量发展水平	绿色发展	单位 GDP 能耗降低率	％
		一般工业固体废弃物综合利用率	％
		万元 GDP 用水量	米³/万元
		生态修复治理投资占 GDP 比重	％
		地方财政节能环保支出占财政支出比重	％
		地级及以上城市空气质量优良天数比例	％
		湿地面积占辖区面积比重	％

一级指标	二级指标	三级指标	单位
长江经济带高质量发展水平	绿色发展	森林覆盖率	%
		建成区绿化覆盖率	%
	创新驱动	规模以上工业企业新产品销售收入占比	%
		科技企业孵化器内企业总数	个
		研发人员占比	%
		规模以上工业企业技术改造经费支出比重	%
		研发支出与地区生产总值之比	%
		万人专利授权数与申请数之比	%
		技术合同成交额与地区生产总值之比	—
		规模以上工业企业 R&D 项目数	件
	协调发展	GDP 增速	%
		人均 GDP	元/人
		人均社会消费品零售总额	万元
		制造业占 GDP 比重	%
		城乡可支配收入比	%
		高速公路路网密度	千米/万千米²
		铁路路网密度	千米/万千米²
		内河航道年末里程	千米
		国家铁路地区间货物交流	万吨
	对外开放	对外承包工程实际完成营业额	百万美元
		货物周转量	亿吨公里
		旅客周转量	亿人公里
		社会消费品零售总额	亿元
		实际利用外资额	亿美元
		港口货物吞吐量	万吨
		高技术企业出口总额	亿元
		外贸依存度	—
	社会共享	城乡居民基本养老保险保障水平	元/人
		年末城镇登记失业率	%
		居民人均消费支出	元
		每千人口拥有执业(助理)医生数	人
		人均拥有公共图书馆藏量	册(件)
		每万人拥有社会工作专业人才数	人
		互联网宽带接入用户数	万户
		就业人员中受过高中及以上教育的人员占比	%

三、评价指标说明

(一)绿色发展

1. 单位 GDP 能耗降低率

该指标是长江经济带生态优先绿色发展主战场的重要体现,是由(本年单位 GDP 能耗－上年单位 GDP 能耗)/上年单位 GDP 能耗计算得到,反映了综合能耗情况。

2. 一般工业固体废弃物综合利用率

工业固体废弃物综合利用率是指工业固体废弃物综合利用量占工业固体废弃物产生量的百分率,可以一定程度衡量地区环境污染治理的力度。其计算公式为:工业固体废弃物综合利用率＝工业固体废弃物综合利用量/(工业固体废弃物产生量＋综合利用往年贮存量)×100%。

3. 万元 GDP 用水量

该指标由地区用水量除以 GDP 计算得到,该指标反映了经济发展过程中地区水耗情况,衡量经济发展的绿色化程度。

4. 生态修复治理投资占 GDP 比重

该指标反映了各省市在生态环境修复治理方面的投入,计算公式为:生态修复治理投资/GDP×100%。

5. 地方财政节能环保支出占财政支出比重

该指标是长江经济带生态环境系统保护与修复的体现,计算公式为:地方财政节能环保支出/财政支出×100%,反映了各省市在生态环保方面的投入情况。

6. 地级及以上城市空气质量优良天数比例

该指标计算公式为:地级及以上城市空气质量优良天数之和/(城市个数×全年天数)×100%,反映了空气环境质量改善情况。

7. 湿地面积占辖区面积比重

湿地是生态环境的重要组成部分,以各省市湿地面积与辖区面积之比,来衡量长江经济带生态功能情况。

8. 森林覆盖率

该指标反映了长江经济带森林资源的丰富程度和生态平衡状况,是以行政区域为单位的森林面积占区域土地总面积的百分比。

9. 建成区绿化覆盖率

随着人们对居住生态环境质量要求的提高,建成区绿化情况成了民众生态福祉和幸福指数的重要内容,该指标由城市建成区的绿化覆盖面积占建成区面积的百分比表示。

(二)创新驱动

1．规模以上工业企业新产品销售收入占比

该指标为产业创新指标,反映了工业领域创新产品产出的情况,由年度内地区规模以上工业企业新产品销售收入与规模以上工业企业营业收入之比来表示。

2．科技企业孵化器内企业总数

该指标为创新主体指标,孵化器是以促进科技成果转化、培养高新技术企业和企业家为宗旨的科技创业服务载体,是区域创新体系的重要内容,孵化器内企业数量反映了科技企业的创新实力。

3．研发人员占比

该指标为创新主体指标,反映了选择从事研发工作的就业人员占比,由各地区研究与发展人员全时当量与常住人口之比来表示。

4．规模以上工业企业技术改造经费支出比重

该指标为产业创新指标,反映工业领域企业围绕创新的技术改造投入,由规模以上工业企业技术改造经费支出与规模以上工业企业营业收入之比来表示。

5．研发支出与地区生产总值之比

该指标为创新投入指标,反映研发支出的投入情况,由一定时期内研究与实验发展经费内部支出与同期地区生产总值之比来表示。

6．万人专利授权数与申请数之比

申请数与授权数均是科技创新产出的主要衡量指标,通过二者之比反映科技创新活跃度及有效性。

7．技术合同成交额与地区生产总值之比

创新产出指标,反映区域技术创新产出情况,由一定时期内某一地区技术合同成交额(按技术合同登记地域划分)与同期地区生产总值的比值表示。

8．规模以上工业企业 R&D 项目数

该指标反映了企业的科研项目数量,有助于提升企业的科研能力,采用规模以上工业企业 R&D 项目数可以反映企业的科技创新活力。

(三)协调发展

1.GDP 增速

GDP 增速是衡量经济发展形势的重要指标,长江经济带作为我国引领经济高质量发展

主力军,GDP 增速反映了经济规模的引领力。

2. 人均 GDP

该指标反映各省市人均经济规模发展情况,由一定时期内地区生产总值与同期常住平均人口之比来表示。

3. 人均社会消费品零售总额

该指标反映各省市社会消费市场水平,由社会消费品零售总额与年末常住人口之比来表示。

4. 制造业占 GDP 比重

该指标为经济结构效益指标,反映各省市产业结构和产业协调情况,由一定时期内制造业增加值与同期地区生产总值之比来表示。

5. 城乡居民可支配收入比

反映城乡居民收入差距的重要指标之一,由城镇居民人均可支配收入与农村居民人均可支配收入之比来表示。

6. 高速公路路网密度

基础设施均衡指标,反映地区高速公路建设和发展均衡情况。

7. 铁路路网密度

基础设施均衡指标,反映地区铁路建设和发展均衡情况。

8. 内河航道年末里程

基础设施均衡指标,反映具有长江特色的航道设施建设和发展均衡情况。

9. 国家铁路地区间货物交流

区域间货物交流直接关系到区域间协调发展,该指标为衡量区域协调发展的重要指标之一。

(四)对外开放

1. 对外承包工程实际完成营业额

国际国内双循环条件下,长江经济带对外承包工程实际完成营业额是反映各省市对外投资合作发展情况的重要指标之一。

2. 货物周转量

国内大循环条件下,长江经济带各省市货物要素周转能力,由一定时期内各种运输工具运送的货物数量与其相应的运输距离的乘积之和来表示。

3. 旅客周转量

国内大循环条件下,长江经济带各省市旅客周转能力,由一定时期内各种运输工具运送的旅客数量与其相应的运输距离的乘积之和来表示。

4. 社会消费品零售总额

在畅通国内大循环条件下，社会消费品零售总额反映了社会消费市场规模和潜力。

5. 实际利用外资额

该指标指一定时期内某一地区实际使用外商直接投资额，从宏观层面反映高质量"引进来"发展情况。

6. 港口货物吞吐量

由经由水路进、出港区范围并经过装卸的货物数量（含沿海和内河）表示，是反映各省市长江水运优势在畅通国内大循环过程中发挥的重要作用。

7. 高技术企业出口总额

由一定时期内某一地区的入统高新技术企业出口额表示，该指标从微观层面反映高新技术企业"走出去"发展情况。

8. 外贸依存度

反映各省市经济开放水平，由一定时期内实际直接外商投资额与GDP之比来表示。

(五)社会共享

1. 城乡居民基本养老保险保障水平

该指标反映各省市居民社会保障发展情况，由城乡居民基本养老保险基金支出与实际领取待遇人数之比来表示。

2. 年末城镇登记失业率

该指标是反映城乡融合、城乡统筹发展的重要指标，由地区城镇年末常住人口与该地区总人口之比来表示。

3. 居民人均消费支出

该指标从消费角度反映强大内需市场，体现城乡居民生活水平和质量，由居民用于满足家庭日常生活消费需要的全部支出与常住人口之比来表示。

4. 每千人口拥有执业(助理)医生数

该指标反映各省市卫生医疗服务能力与水平，计算公式为(执业医师数＋执业助理医师数)/年末常住人口数×100%。

5. 人均拥有公共图书馆藏量

公共图书馆等公共文化基础设施建设是社会公共文化教育的重要部分，人均拥有公共图书馆藏量反映各省市公共文化供给能力与公共文化产品丰富程度。

6. 每万人拥有社会工作专业人才数

支撑社区发展的关键是社会工作人才,该指标反映社会服务能力水平高低,由社会工作专业人才数与年末常住人口数之比来表示。

7. 互联网宽带接入用户数

随着中国移动网络建设、数字化服务需求的不断加快,互联网宽带接入用户数是"大连接"战略的关键,也是社会家庭数字化发展的重要内容。

8. 就业人员中受过高中及以上教育的人员占比

该指标反映各省市就业人口受教育状况,由一定时期就业人员中接受高中及以上教育人员与全部就业人员之比来表示。

第二节　指数评价方法

一、权重计算方法

指标权重赋值是进行评价的关键环节,总体分为主观、客观两大类。主观赋权法主要有专家打分法和层次分析法等,客观赋权法主要有变异系数法、熵值法、灰色关联法等。主观赋权法通过专家意见、指标重要性来对指标进行赋权,但是由于基于主观评价,可能存在忽略统计学规律的问题。客观赋权法通过指标离散程度进行赋权,即个体间差异更大的指标理应在评价中占据更为重要的地位。

本报告借鉴指标权重的优化模型(刘家学,1998),运用改进熵值法(杨万平,2008)对各子系统进行了综合权重分析。该研究方法的主要目的是尽可能避免出现指标权重的不确定性,以达到各指标赋值的主、客观一致性,同时也确保各子系统内部权重之和为1。具体计算过程如下:

1. 标准化

考虑到评价体系中各指标单位的不同和评价指标的性质,尤其是高质量发展水平高低取决于评价指标数值的大小,而统计数据样本存在统计单位差异,需要对数据进行无量纲化处理,标准化过程如下:

对于正向指标,处理公式为:

$$Z_{ij} = \frac{a_{ij} - \min(a_{1j}, a_{2j}, \cdots, a_{mj})}{\max(a_{1j}, a_{2j}, \cdots, a_{mj}) - \min(a_{1j}, a_{2j}, \cdots, a_{mj})} \times 40 + 60$$

对于负向指标,处理公式为:

$$Z_{ij} = \frac{\max(a_{1j}, a_{2j}, \cdots, a_{mj}) - a_{ij}}{\max(a_{1j}, a_{2j}, \cdots, a_{mj}) - \min(a_{1j}, a_{2j}, \cdots, a_{mj})} \times 40 + 60$$

2. 权重赋值

首先,需要确定各子系统及其内部指标的权重,以便于了解各子系统和各指标在高质量发展水平评价指标体系中的重要性,从而对其进行权重分配。

计算第 j 项指标下第 i 个城市指标值的比重,公式如下:

$$P_{ij} = \frac{Z_{ij}}{\sum_{i=1}^{m} Z_{ij}}$$

计算第 j 项指标的熵值,公式如下:

$$e_j = -k \sum_{i=1}^{m} P_{ij} \ln P_{ij}$$

为了保证 e_j 始终在 0 到 1 之间,设:

$$k = \frac{1}{\ln m}$$

定义差异性系数:

$$g_j = 1 - e_j$$

当 g_j 越大时,指标越重要。

定义权重,其定义公式为:

$$w_j = \frac{g_j}{\sum_{j=1}^{n} g_j}$$

二、得分测算方法

1. 基准年处理

为保证各领域指标得分的逐年可比性,在得分测算过程中,以 2015 年为基期,再次对各指标进行标准化处理。处理方法如下:

Y_{ij} 为第 i 个省(市)j 指标的测算值,Y_{2015} 为基年值,表示 2015 年 i 个省份的 j 指标中值,X_{ij} 为第 i 个省(市)j 指标标准化后的指标值。

正向指标标准化处理:$X_{ij} = \dfrac{Y_{ij}}{Y_{2015}}$

逆向指标标准化处理:$X_{ij} = \dfrac{1}{Y_{ij}/Y_{2015}}$

最后,考虑正、逆向标准化后的数据存在负值问题,需对标准化数据进行百分制处理获得最终测算数据。

2. 总指数测算

基于长江经济带 11 省市同等战略地位和各指标已赋权重的考量,长江经济带发展指数合成采用 11 省市发展指数的均值合成。长江经济带 i 省(市)的发展指数合成使用指数加权法进行综合评价,得出各级指标的指数值,指数加权分析法的基本公式为:

$$Z_i = \sum_{j=1}^{n} w_{j3} \times X_{ij}$$

其中,W_{j3} 为三级指标权重;X_{ij} 为第 i 个省(市)第 j 个指标标准化数值,Z_i 为 i 省(市)综合指数得分。

3. 分领域项指数测算

5 个分项指数采用 11 省市分项指数均值合成。长江经济带 i 省(市)某分项指数合成使用指数加权法进行综合评价,基本公式为:

$$M_i = \sum_{j=1}^{n} \frac{w_{j3}}{w_{j2}} \times X_{ij}$$

其中,W_{j3} 为三级指标权重;W_{j2} 为二级指标权重,X_{ij} 为第 i 个省(市)第 j 个指标标准化数值,M_i 为 i 省(市)某分项指数得分。

第三节　数据来源及评价结果

一、数据来源

本报告主要数据来源有:2016—2021 年《中国统计年鉴》《中国科技统计年鉴》《中国城市统计年鉴》《中国能源统计年鉴》、长江经济带 11 省市统计年鉴及统计公报、政府工作报告,11 省市统计局、科技局、经济和信息化委员会、发展和改革委员会官方网站发布的相关统计数据等。

二、计算结果

1. 指标权重评价结果

依据前文所述权重计算方法,得到长江经济带高质量发展指数各级评价指标权重(表1-2)。

表 1-2　　　　　　　　　长江经济带高质量发展评价体系及权重

一级指标	二级指标	三级指标	单位	权重
长江经济带高质量发展指数	绿色发展 (0.2032)	单位 GDP 能耗降低率	%	0.0076
		一般工业固体废弃物综合利用率	%	0.0366
		万元 GDP 用水量	米³/万元	0.0184
		地级及以上城市空气质量优良天数比例	%	0.0282
		生态修复治理投资占 GDP 比重	%	0.0122

续表

一级指标	二级指标	三级指标	单位	权重
长江经济带高质量发展指数	绿色发展 (0.2032)	湿地面积占辖区面积比重	％	0.0360
		森林覆盖率	％	0.0313
		地方财政节能环保支出占财政支出比重	％	0.0139
		建成区绿化覆盖率	％	0.0189
	创新驱动 (0.2083)	规模以上工业企业新产品销售收入占比	％	0.0275
		科技企业孵化器内企业总数	个	0.0214
		研发人员占比	％	0.0394
		规模以上工业企业技术改造经费支出比重	％	0.0232
		研发支出与地区生产总值之比	％	0.0215
		万人专利授权数与申请数之比	％	0.0200
		技术合同成交额与地区生产总值之比	—	0.0298
		规模以上工业企业 R&D 项目数	件	0.0256
	协调发展 (0.1966)	GDP 增速	％	0.0069
		人均 GDP	元/人	0.0240
		人均社会消费品零售总额	万元	0.0220
		制造业占 GDP 比重	％	0.0252
		城乡可支配收入比	％	0.0224
		高速公路路网密度	千米/万千米^2	0.0255
		铁路路网密度	千米/万千米^2	0.0231
		内河航道年末里程	千米	0.0281
		国家铁路地区间货物交流	万吨	0.0194
	对外开放 (0.1958)	对外承包工程实际完成营业额	百万美元	0.0076
		货物周转量	亿吨公里	0.0225
		旅客周转量	亿人公里	0.0277
		社会消费品零售总额	亿元	0.0225
		实际利用外资额	亿美元	0.0251
		港口货物吞吐量	万吨	0.0315
		高技术企业出口总额	亿元	0.0308
		外贸依存度	—	0.0281
	社会共享 (0.1961)	城乡居民基本养老保险保障水平	元/人	0.0247
		年末城镇登记失业率	％	0.0195
		居民人均消费支出	元	0.0223

一级指标	二级指标	三级指标	单位	权重
长江经济带高质量发展指数	社会共享（0.1961）	每千人口拥有执业（助理）医生数	人	0.0233
		人均拥有公共图书馆藏量	册（件）	0.0328
		每万人拥有社会工作专业人才数	人	0.0229
		互联网宽带接入用户数	万户	0.0252
		就业人员中受过高中及以上教育的人员占比	％	0.0255

2. 高质量发展指数评价结果

依据前文所述得分测算方法，得到长江经济带 11 省市高质量发展指数（表 1-3）。

表 1-3 　　　　　　　2015—2020 年长江经济带 11 省市高质量发展指数

省（市）	2015 年	2016 年	2017 年	2018 年	2019 年	2020 年
上海	172.38	176.94	183.99	193.19	199.18	203.95
江苏	159.97	165.10	173.72	182.17	193.54	200.54
浙江	139.79	145.18	154.71	167.55	179.37	190.43
安徽	106.50	107.83	111.48	115.30	119.91	123.03
江西	95.04	96.52	99.15	103.12	107.17	110.10
湖北	109.36	111.62	116.80	121.25	125.85	128.54
湖南	102.09	103.43	107.46	110.50	115.19	118.39
重庆	98.23	101.10	101.88	107.04	108.09	115.83
四川	98.69	99.43	103.47	110.81	115.27	114.74
贵州	86.17	85.91	87.72	92.68	96.06	97.92
云南	86.38	86.57	88.11	90.05	92.17	90.46
总指数（均值）	114.05	116.33	120.77	126.70	131.98	135.81

第二章　长江经济带高质量发展指数报告

深入学习贯彻习近平总书记关于长江经济带发展的系列重要讲话和指示批示精神,充分把握长江经济带高质量发展的内涵和特征,围绕绿色发展、创新驱动、协调发展、对外开放、社会共享五个领域,测度 2015—2020 年长江经济带高质量发展指数,挖掘长江经济带高质量发展的现状和特点,并针对性提出长江经济带高质量发展的对策建议。

第一节　2020 年长江经济带高质量发展指数

测度 2020 年长江经济带 11 省市高质量发展指数和绿色发展、创新驱动、协调发展、对外开放、社会共享五个分项指数,总结 2020 年长江经济带高质量发展的现状及特征。

一、高质量发展指数综合分析

(一)长江经济带发展指数平稳上升

随着长江经济带重大区域战略的深入推进,沿江 11 省市坚持问题导向,强化系统思维,全面推动长江经济带发展,长江经济带经济社会发展取得明显成效。长江经济带高质量发展指数从 2015 年的 114.05 上升到 2020 年的 135.81,指数增幅 21.76,呈逐年上升趋势(图 2-1)。

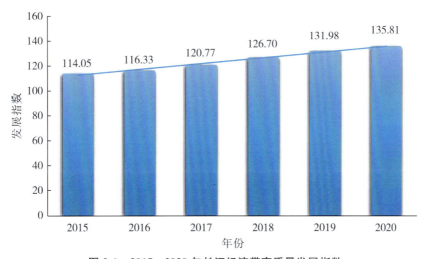

图 2-1　2015—2020 年长江经济带高质量发展指数

(二)三大城市群是长江经济带高质量发展的重要载体

测算 2020 年长江经济带 11 省市的高质量发展指数(表 2-1),结果显示:上海、江苏和浙江 3 省市 2020 年的高质量发展指数分别为 203.95、200.54 和 190.43,居长江经济带 11 省市前 3 位,领跑长江经济带,不仅高于其余 8 省市,而且差距相对较大。湖北 2020 年高质量发展指数为 128.54,在长江经济带排名第 4,指数位于长江经济带中、下游地区第 1 位。上游地区的重庆和四川 2020 年高质量发展指数分别为 115.83 和 114.74,是长江经济带上游地区高质量发展的重要支撑。

表 2-1   **2020 年长江经济带高质量发展指数结果及排名**

区域划分	省份	指数	总排名
下游地区	上海	203.95	1
	江苏	200.54	2
	浙江	190.43	3
	安徽	123.03	5
中游地区	江西	110.10	9
	湖北	128.54	4
	湖南	118.39	6
上游地区	重庆	115.83	7
	四川	114.74	8
	贵州	97.92	10
	云南	90.46	11
总指数(均值)		135.81	—

(三)长江经济带高质量发展的空间梯度格局明显

基于长江经济带 11 省市 2020 年高质量发展指数,运用 ArcGIS 的自然间断点分裂法将其划分为 4 个等级,可见长江经济带高质量发展指数的空间梯度格局显著,表现为沿长江自上而下,其高质量发展指数总体呈现上升趋势(图 2-2)。空间梯度格局主要表现为长江下游地区的上海、江苏、浙江处于第一梯队。其次是中、下游地区的湖北和安徽,2020 年指数分别达到 128.54 和 123.03,位列长江经济带 11 省市的第 4 和第 5 位。再次是中、上游地区的湖南、重庆、四川、江西 4 省市的高质量发展指数超过 110,差距相对较小。上游地区的贵州和云南高质量发展指数低于 100,高质量发展水平有待进一步提升。此外,除长三角地区的江苏、上海、浙江 3 省市外,长江北岸沿线省市的高质量发展水平要高于南岸沿线省市。

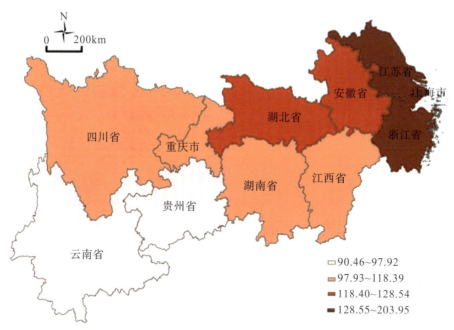

图 2-2　2020 年长江经济带 11 省市高质量发展指数空间布局

(四)11 省市间的高质量发展指数差距呈扩大趋势

长江经济带 11 省市高质量发展指数差距有所扩大,11 省市高质量发展指数的标准差由 2015 年的 28.26 扩大到 2020 年的 39.70,呈缓慢上升趋势(图 2-3)。同时,低于长江经济带高质量发展指数均值省份居多。

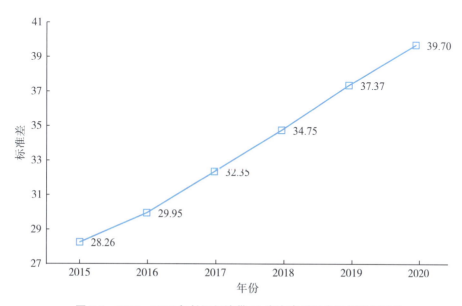

图 2-3　2015—2020 年长江经济带 11 省市高质量发展指数标准差

二、分项指数分析

(一)绿色发展指数

2020 年长江经济带 11 省市的绿色发展指数均值为 115.71,高于均值以上的省市依次为上海、江苏、浙江,绿色发展指数过 100 的省市还包括贵州、重庆、湖南、湖北、江西、安徽(表 2-2)。

表 2-2　　　　　　　　　　2020 年长江经济带 11 省市绿色发展指数

区域划分	省份	指数	排名
长江下游	上海	195.24	1
	江苏	128.00	2
	浙江	119.99	3
	安徽	102.42	9
	下游均值	136.41	—
长江中游	江西	103.17	8
	湖北	103.74	7
	湖南	104.08	6
	中游均值	103.66	—
长江上游	重庆	108.59	5
	四川	97.36	11
	贵州	112.82	4
	云南	97.40	10
	上游均值	104.04	—

从流域上、中、下游来看,下游地区绿色发展指数较高,其次为上游地区。下游地区江苏、上海、浙江、安徽 4 省市 2020 年的绿色发展指数均值为 136.41,分别比中游和上游地区高 32.75 和 32.37。中游地区的湖南、湖北、江西 3 省 2020 年的绿色发展指数均值为 103.66,低于上游和下游地区。虽然中游地区拥有全国"两型社会"建设综合配套改革试验区以及鄱阳湖生态经济区、洞庭湖生态经济区,但在绿色发展和环境保护领域仍需加大力度。长江经济带上游地区生态基底良好,作为长江经济带的重要生态屏障,对于保障全流域生态安全、保护母亲河举足轻重,上游地区云南、贵州、四川、重庆 4 省市的绿色发展指数均值为 104.04,比中游地区略高 0.38。

从 11 省市来看,江苏、上海、浙江、贵州 4 省市领跑长江经济带(图 2-4)。2020 年长江经济带绿色发展指数排名前 4 位的依次为上海、江苏、浙江、贵州,成为长江经济带绿色发展的"领跑者"。同时,安徽、江西、湖北、湖南、重庆的绿色发展水平相当。而四川和云南的绿色发展指数相对较低,需要在充分发挥良好生态基底优势的同时,加强环境保护,推动产业绿色发展。

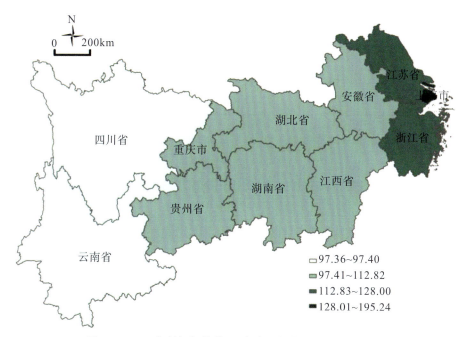

图 2-4　2020 年长江经济带 11 省市绿色发展指数空间分布

(二)创新驱动指数

长江经济带高校云集,科研院所众多,创新人才汇聚,产业优势明显,在创新能力上具有优势。2020 年长江经济带 11 省市驱动指数均值为 169.13(表 2-3),高于均值以上的省市依次为江苏、浙江、上海、湖北。

表 2-3　　　　　　　　2020 年长江经济带 11 省市创新驱动指数

区域划分	省份	指数	排名
长江下游	上海	208.85	3
	江苏	284.29	1
	浙江	272.94	2
	安徽	158.56	5
	下游均值	231.16	—
长江中游	江西	128.08	8
	湖北	188.43	4
	湖南	146.58	7
	中游均值	154.36	—

续表

区域划分	省份	指数	排名
长江上游	重庆	119.69	9
	四川	155.10	6
	贵州	106.38	10
	云南	91.58	11
	上游均值	118.19	—

从流域上、中、下游来看,下游地区创新驱动指数相对较高,呈现上、中、下游梯次递增。下游地区江苏、上海、浙江、安徽4省市2020年的创新驱动指数均值为231.16,高于11省市创新驱动指数均值,且比中游地区和上游地区分别高76.8和112.97,尤其是下游与上游地区的创新水平差距较大。中游地区的创新驱动指数均值为154.36,高于上游地区,低于下游地区,中游地区创新驱动指数最高的省份为湖北,而江西在中游地区的创新驱动指数相对较低。上游地区2020年的创新驱动指数均值为118.19,低于长江经济带创新驱动指数均值,其中,四川创新驱动指数在上游地区最高,位于长江经济带第6位,而云南创新驱动指数在上游地区则相对较低。

从11省市来看,2020年创新驱动指数排在前4位的省市依次为江苏、浙江、上海和湖北(图2-5)。江苏创新驱动指数最高,达到了284.29,上海和浙江的创新驱动指数均超过200,中游地区的湖北创新驱动指数相对较高,达到188.43。中游的湖南与上游的四川,创新指数也均超过了140,创新驱动发展水平较好。上游地区的云南创新驱动指数相对较低,其创新能力和水平有待进一步提升。

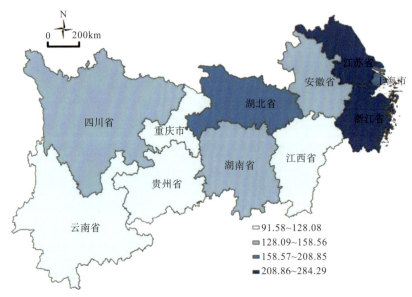

图 2-5 2020 年长江经济带 11 省市创新驱动指数空间分布

（三）协调发展指数

2016 年 12 月 1 日，推动长江经济带发展领导小组办公室第一次会议在北京召开，开启了长江经济带省际协商合作机制的新篇章。5 年来，从中央到地方始终牵住体制机制这个"牛鼻子"，形成了"中央统筹、省负总责、市县抓落实"的管理体制和工作机制。2020 年长江经济带协调发展指数为 112.11，上海、江苏、浙江的协调发展水平较高，其次是湖北、安徽、湖南、重庆、江西和四川等省市，协调发展指数均超过 100（表 2-4）。

表 2-4　　　　　　　　　2020 年长江经济带 11 省市协调发展指数

区域划分	省份	指数	排名
长江下游	上海	143.83	1
	江苏	141.03	2
	浙江	120.55	3
	安徽	108.86	5
	下游均值	128.57	—
长江中游	江西	104.13	8
	湖北	109.29	4
	湖南	108.32	6
	中游均值	107.25	—
长江上游	重庆	105.94	7
	四川	101.92	9
	贵州	97.49	10
	云南	91.87	11
	上游均值	99.31	—

从流域上、中、下游来看，下游地区 4 省市协调发展指数为 128.57，高于中游和上游地区。中游 3 省的协调发展指数为 107.25，3 省协调发展水平较为接近。上游地区 4 省市协调发展指数为 99.31，与中、下游地区的协调发展水平还存在一定差距。但是，下游地区协调发展水平差距最为悬殊，4 省市协调发展指数标准差为 14.5，而中游和上游地区协调发展指数标准差分别为 2.24 和 5.23。

从长江经济带 11 省市来看（图 2-6），上海与江苏的协调发展较好，协调发展指数均超过 140。其次是浙江协调发展指数为 120.55，也超过长江经济带协调发展指数均值。而湖北、安徽、湖南、重庆、江西和四川 6 省市协调发展指数超过 100，但低于长江经济带整体协调发展指数均值。同时，上游地区的贵州、云南 2 省的协调发展水平有待进一步提高。

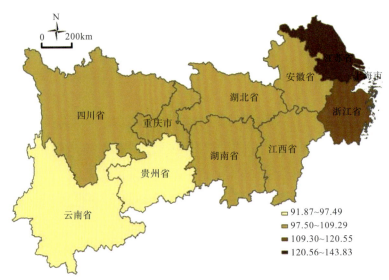

图 2-6　2020 年长江经济带 11 省市协调发展指数空间分布

地图图例：
- 91.87~97.49
- 97.50~109.29
- 109.30~120.55
- 120.56~143.83

(四)对外开放指数

面对"逆全球化"趋势、中美贸易摩擦及我国经济发展进入新常态等一系列变化,长江经济带的对外开放水平总体上仍保持增长趋势,2020 年长江经济带对外开放指数为 129.94,比 2019 年上升 0.13 个点,但受新型冠状病毒感染影响,指数增速有所放缓(表 2-5)。

表 2-5　　　　　2020 年长江经济带 11 省市对外开放指数

区域划分	省份	指数	排名
长江下游	上海	187.54	3
	江苏	253.51	1
	浙江	211.00	2
	安徽	120.96	4
	下游均值	193.26	—
长江中游	江西	102.20	8
	湖北	107.15	6
	湖南	107.45	5
	中游均值	105.60	—
长江上游	重庆	94.39	9
	四川	102.49	7
	贵州	70.07	11
	云南	72.55	10
	上游均值	84.88	—

从长江经济带上、中、下游来看,下游地区对外开放指数最高,达到 193.26;中游地区对外开放指数为 105.60,比下游地区低 87.66。上游地区的对外开放指数为 84.88,远低于下游地区,下游地区对外开放指数是上游地区的 2.28 倍,且比中游地区低 20.72。

从长江经济带 11 省市来看(图 2-7),江苏的对外开放指数最高,其次是浙江、上海和安徽,均为下游地区省市。中、上游地区的湖南、湖北、四川和江西的对外开放指数相对较高,但与下游地区 4 省市仍存在一定差距,而重庆、贵州、云南的对外开放水平有待进一步提高。2020 年 4 月,"在西部地区带头开放、带动开放"被明确写入《重庆市建设中西部国际交往中心三年行动计划(2020—2022 年)》,而重庆的对外开放指数在长江经济带 11 省市中位列第 9,需要坚定不移推进改革开放,进一步提高开放水平,努力在西部地区带头开放、带动开放。

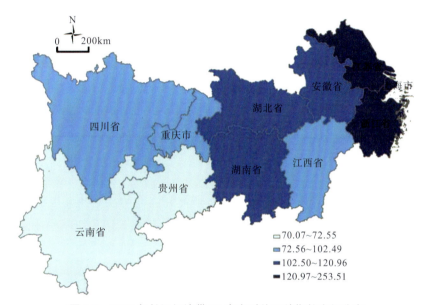

图 2-7　2020 年长江经济带 11 省市对外开放指数空间分布

(五)社会共享指数

随着长江经济带以人为核心的新型城镇化不断推进,11 省市以"共同富裕"为目标导向,积极擦亮民生底色,厚植幸福根基。2020 年长江经济带社会共享指数为 151.40,上海、浙江、江苏的社会共享水平领跑长江经济带(表 2-6)。

从流域上、中、下游来看,下游地区 2020 年社会共享指数为 205.26,其中上海和浙江的社会共享指数超过 200。中游地区 2020 年社会共享指数为 123.76,比下游地区低 81.50,其中湖北社会共享指数相对较高,达到 133.23。上游地区 2020 年社会共享指数为 118.26,分别比下游和中游地区低 87.00 和 5.50,其中重庆的社会共享指数相对较高,达到 152.49,位列长江经济带第 4 位。2020 年上、中、下游内部省市间社会共享指数的标准差分别为 20.61、8.42 和 58.88,下游省市间的差距较为悬殊,其次是上游地区,而中游三省间的差距相对较小。

表 2-6   **2020 年长江经济带 11 省市社会共享指数**

区域划分	省份	指数	排名
长江下游	上海	285.93	1
	江苏	188.63	3
	浙江	223.38	2
	安徽	123.08	7
	下游均值	205.26	—
长江中游	江西	112.77	9
	湖北	133.23	5
	湖南	125.28	6
	中游均值	123.76	—
长江上游	重庆	152.49	4
	四川	116.08	8
	贵州	104.29	10
	云南	100.19	11
	上游均值	118.26	—

从长江经济带 11 省市来看（图 2-8），上海、浙江和江苏的社会共享指数领跑长江经济带，重庆、湖北、湖南和安徽 4 省市位列第二梯队，四川、江西、云南和贵州的社会共享水平有待进一步提升。

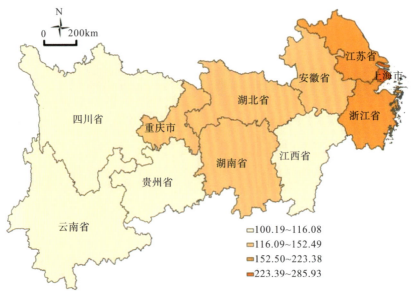

图 2-8   2020 年长江经济带 11 省市社会共享指数空间分布

第二节　长江经济带各省市高质量发展指数分析

对长江经济带 11 省市 2015—2020 年高质量发展指数进行分析,比较各省市高质量发展指数和分项指数时间序列变化,挖掘长江经济带高质量发展的现状及特征。

一、下游地区省市高质量发展指数

(一)上海市

上海作为长江经济带高质量发展的龙头,其高质量发展走在长江经济带发展前列,高质量发展指数从 2015 年的 172.38 上升到 2020 年的 203.95(表 2-7),6 年均值达到 188.27,增长 18.31%,尤其是 2018 年上海的高质量发展指数增长最快,比 2017 年增加 9.20。从排名来看,上海市 6 年间的高质量发展指数稳居第 1 位。

绿色发展指数从 2015 年的 188.02 上升到 2020 年的 195.24,增长 3.84%,排名始终位列长江经济带 11 省市第 1 位(图 2-9)。创新驱动指数从 2015 年的 163.38 上升到 2020 年的 208.85,增长 27.83%,该指数在 2015 年排名 11 省市第 2 位,而在 2016—2020 年被浙江省反超,位列 11 省市第 3 位。协调发展指数从 2015 年的 133.34 上升到 2020 年的 143.83,增长 7.87%,该指数 6 年间始终位列长江经济带 11 省市第 1 位。对外开放指数从 2015 年的 171.11 上升到 2020 年的 187.54,增长 9.60%,2016 年排名长江经济带 11 省市第 2 位,而在 2017 年之后被浙江反超,位列第 3 位。社会共享指数从 2015 年的 206.24 上升到 2020 年的 285.93,增长 38.64%,6 年间始终位列长江经济带 11 省市第 1 位,且与排名第 2 的浙江指数相差达到 60 以上,保持较大的领先优势。

表 2-7　　　　　　　　上海市 2015—2020 年高质量发展指数及分项指数

指数	2015 年	2016 年	2017 年	2018 年	2019 年	2020 年
高质量发展	172.38	176.94	183.99	193.19	199.18	203.95
绿色发展	188.02	189.60	191.52	193.08	193.19	195.24
创新驱动	163.38	173.49	175.00	191.90	199.88	208.85
协调发展	133.34	135.21	137.68	142.32	144.04	143.83
对外开放	171.11	163.63	178.49	181.04	186.30	187.54
社会共享	206.24	223.85	238.16	258.89	273.95	285.93

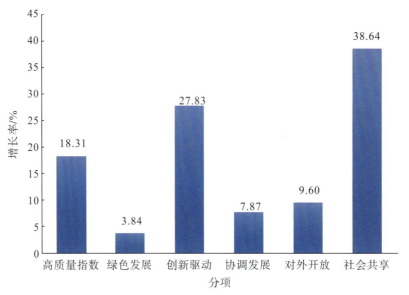

图 2-9　上海市 **2020** 年高质量发展指数及分项指数比 **2015** 年增长情况

(二)江苏省

江苏高质量发展指数从 2015 年的 159.97 提高到 200.54(表 2-8),增长 25.36%,6 年间保持持续增长态势,尤其是 2019 年指数比 2018 年提高 11.37,增速相对最快,但在 2020 年受新型冠状病毒感染影响,指数增速略有放缓。6 年间江苏省高质量发展指数始终位列 11 省市第 2 位。

绿色发展指数呈现波动上升过程,2016 年该指数比 2015 年下降 1 个点,随后在 2017 年和 2018 年保持 0.3 以上的增长,2019 年比 2018 年下降 0.27,而 2020 年则上升 0.95,但 2020 年比 2015 年仍增长了 0.26%,江苏省绿色发展指数始终保持长江经济带 11 省市第 2 位。创新驱动指数保持稳定增长,从 2015 年的 183.69 上升到 2020 年的 284.29,增长 54.77%,增速位列 5 个分项指数之首,同时江苏创新驱动指数始终位列长江经济带 11 省市第 1 位。协调发展指数从 2015 年的 130.63 上升到 2020 年的 141.03,增长 7.96%,保持缓慢增长态势,该指数在 11 省市排名均位列第 2 位。对外开放指数从 2015 年的 215.94 上升到 2020 年的 253.51,增长 17.4%,该指数在 11 省市排名均位列第 1 位。社会共享指数从 2015 年的 136.60 上升到 2020 年的 188.63,增长 38.09%,该指数在 11 省市排名均位列第 3 位,排名低于其他 4 个分项指数。从 5 个分项指数增速比较而言,创新驱动与社会共享指数增长较快,其次是对外开放和协调发展指数(图 2-10)。

表 2-8　　　　　　　　　江苏省 2015—2020 年高质量发展指数及分项指数

指数	2015 年	2016 年	2017 年	2018 年	2019 年	2020 年
高质量发展	159.97	165.10	173.72	182.17	193.54	200.54
绿色发展	127.67	126.67	126.99	127.32	127.05	128.00
创新驱动	183.69	200.07	213.30	227.07	261.21	284.29
协调发展	130.63	132.18	134.60	136.81	139.84	141.03
对外开放	215.94	219.05	231.12	243.85	252.07	253.51
社会共享	136.60	141.96	156.73	169.53	180.59	188.63

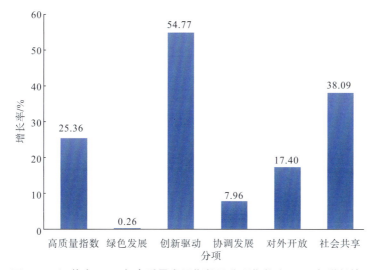

图 2-10　江苏省 2020 年高质量发展指数及分项指数比 2015 年增长情况

(三)浙江省

浙江省高质量发展指数从 2015 年的 139.79 提高到 190.43(表 2-9),增长 36.23%,6 年间保持持续增长态势,尤其是 2018 年指数比 2017 年提高 12.84,增速在 6 年间相对最快。从排名来看,2015—2020 年浙江省高质量发展指数均位列第 3 位,处于长江经济带高质量发展的第一梯队。

表 2-9　　　　　　　　　浙江省 2015—2020 年高质量发展指数及分项指数

指数	2015 年	2016 年	2017 年	2018 年	2019 年	2020 年
高质量发展	139.79	145.18	154.71	167.55	179.37	190.43
绿色发展	115.40	116.09	117.24	118.50	120.66	119.99
创新驱动	160.36	174.14	191.80	214.33	242.21	272.94
协调发展	115.49	116.72	118.89	120.82	122.64	120.55
对外开放	165.24	168.90	182.39	195.86	203.94	211.00
社会共享	139.83	147.21	159.86	184.67	203.52	223.38

绿色发展指数从 2015 年的 115.40 上升到 2020 年的 119.99,增长 3.98％,呈缓慢增长过程,但 2020 年绿色发展指数比 2019 年降低 0.67,排名在 6 年间均位列 11 省市第 3 位。创新驱动指数从 2015 年的 160.36 上升到 2020 年的 272.94,增长 70.20％,除了指数逐年上升之外,增速也保持持续提高的态势。浙江省创新驱动指数排名由 2015 年的第 3 位提高到 2016 年的第 2 位,且在 2016—2020 年均位列 11 省市的第 2 位。协调发展指数从 2015 年的 115.49 上升到 2020 年的 120.55,增长 4.38％,且该指数 2020 年比 2019 年下降 2.09,指数排名在 6 年间均位列第 3 位。对外开放指数从 2015 年的 165.24 上升到 2020 年的 211.00,增长 27.69％,排名由 2015 年的第 3 位提高到 2016 年的第 2 位,且在 2017—2020 年排名均保持第 2 位。社会共享指数从 2015 年的 139.83 上升到 2020 年的 223.38,增长 59.75％,其排名均位列 11 省市第 2 位(图 2-11)。

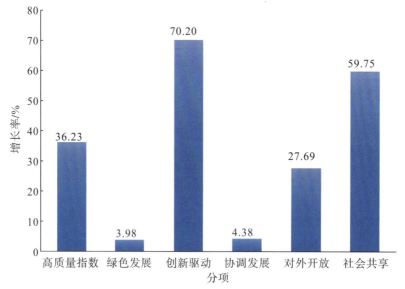

图 2-11　浙江省 2020 年高质量发展指数及分项指数比 2015 年增长情况

(四)安徽省

安徽省高质量发展指数从 2015 年的 106.50 提高到 2020 年的 123.03(表 2-10),增长 15.52％,6 年间保持持续增长态势,其中 2019 年比 2018 年提高 4.61,增速相对最快。排名方面,安徽省高质量发展指数在 2015—2020 年均位列 11 省市的第 5 位。

表 2-10　　　　　　　　安徽省 2015—2020 年高质量发展指数及分项指数

指数	2015 年	2016 年	2017 年	2018 年	2019 年	2020 年
高质量发展	106.50	107.83	111.48	115.30	119.91	123.03
绿色发展	102.72	101.51	102.49	103.05	104.28	102.42
创新驱动	115.78	119.11	127.47	132.25	146.03	158.56

续表

指数	2015 年	2016 年	2017 年	2018 年	2019 年	2020 年
协调发展	106.27	106.82	107.71	109.87	111.64	108.86
对外开放	111.08	113.37	115.49	119.45	120.14	120.96
社会共享	95.80	97.40	103.21	110.89	116.42	123.08

绿色发展指数从 2016 年到 2019 年均保持缓慢增长态势,在 2019 年达到 104.28,但在 2020 年下降到 102.42,且比 2015 年仍低 0.31,且该指数在 11 省市中排名由 2015 年的第 4 位下降到 2020 年的第 9 位,反映出安徽省的绿色发展水平亟待提高。创新驱动指数从 2015 年的 115.78 提高到 2020 年的 158.56,增长 36.95%(图 2-12),增速在 5 个分项指数中相对最快,该指数在 11 省市排名第 5 位。协调发展指数从 2015 年的 106.27 提高到 2020 年的 108.86,增长 2.44%,2015 年在长江经济带 11 省市位列第 4 位,而在 2016—2020 年下降到第 5 位。对外开放指数从 2015 年的 111.08 提高到 2020 年的 120.96,增长 8.90%,6 年间的排名在长江经济带 11 省市中均位列第 4 位。社会共享指数从 2015 年的 95.80 提高到 2020 年的 123.08,增长 28.48%,增速仅次于创新驱动指数,2015—2019 年该指数排名均位列第 8 位,在 2020 年则上升到第 7 位。

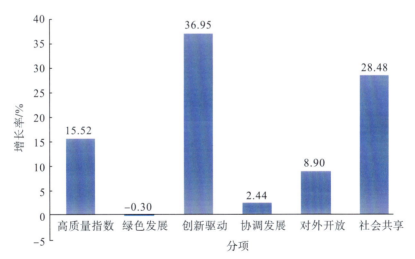

图 2-12 安徽省 2020 年高质量发展指数及分项指数比 2015 年增长情况

(五)下游 4 省市高质量发展指数比较

长江下游地区江苏、上海、浙江、安徽 4 省市高质量发展指数见表 2-11。

表 2-11　　　　　　　长江经济带下游地区 2015—2020 年高质量发展指数

年份	地区	绿色发展		创新驱动		协调发展		对外开放		社会共享		高质量发展	
		得分	排名	得分	排名	得分	排名	得分	排名	得分	排名	得分	排名
2015 年	上海	188.02	1	163.38	2	133.34	1	171.11	2	206.24	1	172.38	1
	江苏	127.67	2	183.69	1	130.63	2	215.94	1	136.60	3	159.97	2
	浙江	115.40	3	160.36	3	115.49	3	165.24	3	139.83	2	139.79	3
	安徽	102.72	4	115.78	5	106.27	4	111.08	4	95.80	8	106.50	5
2018 年	上海	193.08	1	191.90	3	142.32	1	181.04	3	258.89	1	193.19	1
	江苏	127.32	2	227.07	1	136.81	2	243.85	1	169.53	3	182.17	2
	浙江	118.50	3	214.33	2	120.82	3	195.86	2	184.67	2	167.55	3
	安徽	103.05	6	132.25	6	109.87	4	119.45	4	110.89	8	115.30	5
2020 年	上海	195.24	1	208.85	2	143.83	1	187.54	3	285.93	1	203.95	1
	江苏	128.00	2	284.29	1	141.03	2	253.51	1	188.63	3	200.54	2
	浙江	119.99	3	272.94	3	120.55	3	211.00	2	223.38	2	190.43	3
	安徽	102.42	9	158.56	5	108.86	5	120.96	4	123.08	7	123.03	5

　　通过比较,可以概括为以下几个特点:一是上海市是下游地区高质量发展的"领头羊",不仅承担着引领下游地区高质量发展的责任,也联合江苏和浙江承担着引领长江经济带高质量发展的任务。二是下游地区 4 省市在创新驱动和社会共享指数保持加快增速,尤其是浙江两项指数的增速相对最快。三是江苏、浙江、上海三地之间的高质量发展指数差距逐步缩小,三省市高质量发展指数的标准差由 2015 年的 13.43 缩小到 2020 年的 5.74。四是各省市在五项分领域各有所长,比如上海在绿色发展、协调发展与社会共享领域位列第 1;江苏在创新驱动和对外开放领域位列第 1,浙江在社会共享领域位列第 2,创新驱动也由 2015 年的第 3 上升到第 2 位。五是安徽省高质量发展指数位列第 5 位,其优势主要体现在创新驱动和对外开放领域,主要短板表现在社会共享领域,在长江经济带 11 省市中位列第 7 和第 8位,绿色发展指数排名也呈下降趋势。

二、中游地区省市高质量发展指数

(一)湖北省

　　湖北省高质量发展指数从 2015 年的 109.36 提高到 2020 年的 128.54(表 2-12),增长17.54%,6 年间保持持续增长,但在 2020 年受新型冠状病毒感染影响,高质量发展指数增长放缓,2020 年高质量发展指数比 2019 年提高 2.69。排名方面,2015—2020 年湖北高质量发展指数在 11 省市中均位列第 4 位,在长江中、上游地区排名最高。

表 2-12　　　　　　　　湖北省 2015—2020 年高质量发展指数及分项指数

指数	2015 年	2016 年	2017 年	2018 年	2019 年	2020 年
高质量发展	109.36	111.62	116.80	121.25	125.85	128.54
绿色发展	101.19	100.26	102.17	103.15	105.20	103.74
创新驱动	133.27	138.68	151.05	158.54	169.02	188.43
协调发展	105.92	106.85	108.18	111.12	114.10	109.29
对外开放	102.16	104.26	109.71	112.38	112.94	107.15
社会共享	103.75	107.45	111.94	120.20	127.22	133.23

绿色发展指数从 2015 年的 101.19 提高 2020 年的 103.74,6 年增长 2.52%(图 2-13),但 2020 年绿色发展指数比 2019 年降低 1.46;同时,绿色发展指数排名由 2016 年的第 8 位提高到 2017 年的第 5 位,且保持到 2019 年,由于 2020 年绿色发展指数的下降,使得其排名下降到第 7 位。创新驱动指数由 2015 年的 133.27 提高到 2020 年的 188.43,增长 41.39%,是 5 个分项指数中增长最快的,且 6 年间的排名均位列第 4 位,仅次于江苏、浙江、上海 3 省市。协调发展指数从 2015 年的 105.92 提高到 2020 年的 109.29,增长 3.18%,同样受新型冠状病毒感染影响,该指数在 2020 年比 2019 年下降 4.81,但指数排名由 2015 年的第 5 位提高到第 4 位。对外开放指数从 2015 年的 102.16 提高到 2020 年的 107.15,增长 4.89%,且指数在 2020 年比 2019 年下降 5.79,指数排名由 2015 年的第 6 位提高到第 5 位,但在 2020 年回落到第 6 位。社会共享指数从 2015 年的 103.75 提高到 2020 年的 133.23,增长 28.41%,增速仅次于创新驱动指数,2015—2019 年指数排名在 11 省市中位列第 4 位,但在 2020 年被重庆超过,位列第 5 位。

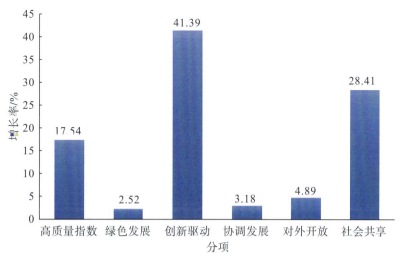

图 2-13　湖北省 2020 年高质量发展指数及分项指数比 2015 年增长情况

(二)湖南省

湖南省高质量发展指数从 2015 年的 102.09 提高到 2020 年的 118.39(表 2-13),增长 15.97%,6 年间保持持续增长,其在 2019 年增速相对较快,比 2018 年增长 4.69。其排名在 2015—2017 年位列 11 省市的第 6 位,在 2018 年和 2019 年位列第 7 位,在 2020 年的排名重回第 6 位。

表 2-13　　　　　　　　湖南省 2015—2020 年高质量发展指数及分项指数

指数	2015 年	2016 年	2017 年	2018 年	2019 年	2020 年
高质量发展	102.09	103.43	107.46	110.50	115.19	118.39
绿色发展	100.74	101.46	101.37	101.94	101.52	104.08
创新驱动	104.31	105.72	114.67	120.94	133.14	146.58
协调发展	105.40	106.26	107.31	108.46	110.22	108.32
对外开放	102.82	104.17	108.69	109.36	111.78	107.45
社会共享	97.03	99.37	104.93	111.57	118.99	125.28

绿色发展指数从 2015 年的 100.74 提高到 2020 年的 104.08,增长 3.32%(图 2-14),指数排名由 2016 年的第 6 位下降到 2019 年的第 9 位,但在 2020 年再次上升到第 6 位。创新驱动指数从 2015 年的 104.31 提高到 2020 年的 146.58,增长 40.52%,在 5 个分项指数中增速最快,指数排名由 2015 年的第 6 位下降到 2016 年的第 8 位,在 2017 年之后则稳定在第 7 位。协调发展指数从 2015 年的 105.40 提高到 2020 年的 108.32,增长 2.77%,在 5 个分项指数中增速相对最慢,且 2020 年指数比 2019 年下降 1.89,6 年间的排名均位列长江经济带 11 省市第 6 位。对外开放指数从 2015 年的 102.82 提高到 2020 年的 107.45,增长 4.5%,该指数排名在 2015 年和 2020 年两年排名第 5 位,领跑中、上游地区,在 2016—2019 年则位列第 6 位。社会共享指数从 2015 年的 97.03 提高到 2020 年的 125.28,增长 29.11%,该指数排名在 2015—2019 年均位列第 7 位,在 2020 年则提高到第 6 位。

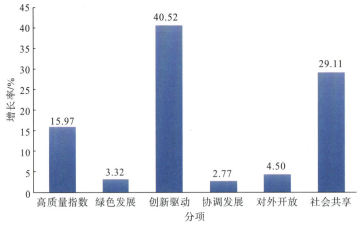

图 2-14　湖南省 2020 年高质量发展指数及分项指数比 2015 年增长情况

(三)江西省

江西省高质量发展指数从 2015 年的 95.04 提高到 2020 年的 110.10(表 2-14),增长 15.85%,6 年间保持持续增长,其在 2019 年增速相对较快,比 2018 年增长 4.05。2015— 2020 年,该指数排名在长江经济带 11 省市中均位列第 9 位。

表 2-14   江西省 2015—2020 年高质量发展指数及分项指数

指数	2015 年	2016 年	2017 年	2018 年	2019 年	2020 年
高质量发展	95.04	96.52	99.15	103.12	107.17	110.10
绿色发展	100.70	100.76	100.69	100.98	102.75	103.17
创新驱动	85.17	89.04	93.68	104.46	114.69	128.08
协调发展	100.65	102.09	103.38	104.61	106.39	104.13
对外开放	93.81	95.91	98.72	101.13	102.85	102.20
社会共享	95.39	95.13	99.57	104.58	109.24	112.77

绿色发展指数从 2015 年的 100.70 提高到 2020 年的 103.17,增长 2.45%(图 2-15),该 指数排名在 2016 年和 2018 年分别位列第 7 位和第 9 位,其他年份均位列第 8 位。创新驱 动指数从 2015 年的 85.17 提高到 2020 年的 128.08,增长 50.38%,该指数不仅在 5 个分项 指数中增速最快,且增速高于长江中游地区的湖北、湖南两省,排名由 2015 年的第 10 位提 高到 2020 年的第 8 位。协调发展指数从 2015 年的 100.65 提高到 2020 年的 104.13,增长 3.46%,但该指数 2020 年比 2019 年下降 2.26,指数排名稳定在第 7 或第 8 位。对外开放指 数从 2015 年的 93.81 提高到 2020 年的 102.20,增长 8.94%,2015—2019 年该指数排名位 列第 7 位,但在 2020 年被四川超过,位列 11 省市第 8 位。社会共享指数从 2015 年的 95.39 提高到 2020 年的 112.77,增长 18.22%,2015—2020 年的指数排名均位列第 9 位。

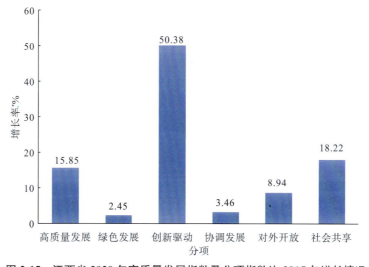

图 2-15   江西省 2020 年高质量发展指数及分项指数比 2015 年增长情况

(四)湖南、湖北、江西3省高质量发展指数指标比较

长江中游地区湖南、湖北、江西3省高质量发展指数结果见表2-15。

表2-15　　　　　　　长江经济带中游地区2015—2020年高质量发展指数

年份	地区	绿色发展		创新驱动		协调发展		对外开放		社会共享		高质量发展	
		得分	排名	得分	排名	得分	排名	得分	排名	得分	排名	得分	排名
2015年	江西	100.70	8	85.17	10	100.65	8	93.81	7	95.39	9	95.04	9
	湖北	101.19	6	133.27	4	105.92	5	102.16	6	103.75	4	109.36	4
	湖南	100.74	7	104.31	6	105.40	6	102.82	5	97.03	7	102.09	6
2018年	江西	100.98	9	104.46	9	103.38	8	101.13	7	104.58	9	103.12	9
	湖北	103.15	5	158.54	4	108.18	4	112.38	5	120.20	4	121.25	4
	湖南	101.94	8	120.94	6	107.31	6	109.36	6	111.57	7	110.50	7
2020年	江西	103.17	8	128.08	4	104.13	8	102.20	8	112.77	9	110.10	9
	湖北	103.74	7	188.43	4	109.29	4	107.15	6	133.23	5	128.54	4
	湖南	104.08	6	146.58	4	108.32	6	107.45	5	125.28	4	118.39	6

通过比较,可以概括为以下几个特点:一是湖北高质量发展指数相对较高,且排名相对靠前,湖南排名紧随其后,江西的高质量发展指数有待进一步提高。二是3省高质量发展指数的差距呈缓慢扩大趋势,3省高质量发展指数的标准差由2015年的5.85扩大到2020年的7.54。三是3省在绿色发展、对外开放指数的排名呈交替上升,比如湖南省绿色发展指数在2015年和2018年的排名低于湖北省,但在2020年反超湖北。四是3省在绿色发展、协调发展等分项指数的差距相对较小。五是湖北高质量发展指数增长速度相对较快,湖南的社会共享指数增长速度相对较快,而江西的创新驱动指数增长速度相对较快。

三、上游地区省市高质量发展指数

(一)重庆市

重庆市高质量发展指数从2015年的98.23提高到2020年的115.83(表2-16),增长17.92%,尤其是2020年增速较快,比2019年提高了7.74。排名方面,重庆市高质量发展指数在2016年和2020年均排名第7位,在其他4个年份均排名第8位。

绿色发展指数从2015年的102.62提高到2020年的108.59,增长5.82%(图2-16),2015—2020年该指数排名在4~6名波动,是上游地区绿色发展水平较高的地区。创新驱动指数从2015年的96.14提高到2020年的119.69,增长24.50%,指数排名在2016年最高,位列第6位,在2015年、2017年和2018年排名第8位,而在2019年和2020年则下降到第9位。协调发展指数从2015年的99.38提高到2020年的105.94,增长6.60%,该指数在

2015—2017 年排名第 9 位,而在 2018 年之后则提高到第 7 位。对外开放指数从 2015 年的 92.53 提高到 2020 年的 94.39,增长 2.01%,排名由 2015 年的第 8 位下降到 2016 年的第 9 位,随后年份均稳定在第 9 位。社会共享指数从 2015 年的 100.96 提高到 2020 年的 152.49,增长 51.04%,在 5 个分项指数中增速相对最快,2015—2019 年,重庆与四川两省市的该指数排名在 5~6 名波动,但在 2020 年重庆该指数排名超过湖北,跃居 11 省市第 4 位。

表 2-16 重庆市 2015—2020 年高质量发展指数及分项指数

指数	2015 年	2016 年	2017 年	2018 年	2019 年	2020 年
高质量发展	98.23	101.10	101.88	107.04	108.09	115.83
绿色发展	102.62	102.12	101.76	103.64	105.00	108.59
创新驱动	96.14	108.24	104.02	115.14	109.41	119.69
协调发展	99.38	101.42	102.73	105.14	106.90	105.94
对外开放	92.53	89.27	91.30	92.88	93.61	94.39
社会共享	100.96	105.03	110.42	119.29	126.85	152.49

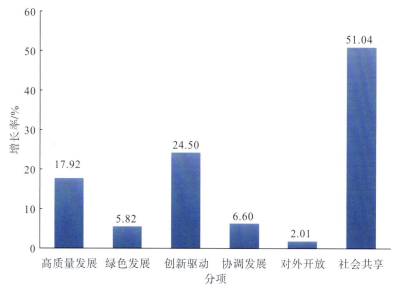

图 2-16 重庆市 2020 年高质量发展指数及分项指数比 2015 年增长情况

(二)四川省

四川省高质量发展指数从 2015 年的 98.69 提高到 2020 年的 114.74(表 2-17),增长 16.26%,其在 2018 年增速相对最快,比 2017 年增长 7.34,但 2020 年该指数比 2019 年下降 0.53。排名方面,四川省高质量发展指数排名由 2016 年的第 8 位逐步提升到 2017 的第 7 位,再到 2018 年和 2019 年的第 6 位,但由于 2020 年四川省高质量发展指数的下降,使得指数排名再次回落到第 8 位。

表 2-17　　　　　　　　四川省 2015—2020 年高质量发展指数及分项指数

指数	2015 年	2016 年	2017 年	2018 年	2019 年	2020 年
高质量发展	98.69	99.43	103.47	110.81	115.27	114.74
绿色发展	95.23	94.25	95.28	95.81	96.83	97.36
创新驱动	103.65	107.43	116.54	137.35	148.73	155.10
协调发展	101.40	101.61	102.86	104.04	105.91	101.92
对外开放	92.52	91.39	92.33	97.56	98.49	102.49
社会共享	101.01	102.90	110.83	119.41	126.52	116.08

　　绿色发展指数从 2015 年的 95.23 提高到 2020 年的 97.36,增长 2.24%(图 2-17),呈缓慢增长态势,但排名在长江经济带 11 省市中位列第 11 位,是四川省高质量发展的相对短板领域。创新驱动指数从 2015 年的 103.65 提高到 2020 年的 155.10,增长 49.64%,增速在 5 个分项指数中相对最快,且该指数排名由 2015 年的第 7 位提高到 2018 年和 2019 年的第 5 位,在 2020 年被安徽超过位列第 6 位,但仍是上游地区创新发展的重要动力源。协调发展指数从 2015 年的 101.40 提高到 2020 年的 101.92,增长 0.51%,但排名则由 2015 年的第 7 位下降到 2016 年的第 8 位,且在 2018—2020 年下降到第 9 位。对外开放指数从 2015 年的 92.52 提高到 2020 年的 102.49,增长 10.78%,该指数排名由 2015 年的第 9 位提高到 2016 年的第 8 位,且在 2020 年再次提高到第 7 位,排名不断上升。社会共享指数从 2015 年的 101.01 提高到 2020 年的 116.08,增长 14.92%,排名在 2015—2019 年稳定在第 5 或第 6 位,但在 2020 年则下降到第 8 位。

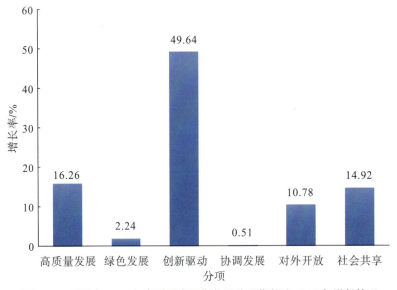

图 2-17　四川省 2020 年高质量发展指数及分项指数比 2015 年增长情况

（三）贵州省

贵州省高质量发展指数从 2015 年的 86.17 提高到 2020 年的 97.92（表 2-18），增长 13.64％，其在 2018 年增速相对最快，比 2017 年增长 4.96。排名方面，贵州省高质量发展指数排名在 2015—2017 年均位列第 11 位，而在 2018 年之后则提高到第 10 位，主要原因是贵州省绿色发展水平不断提升。

表 2-18　　　　　　　　贵州省 2015—2020 年高质量发展指数及分项指数

指数	2015 年	2016 年	2017 年	2018 年	2019 年	2020 年
高质量发展	86.17	85.91	87.72	92.68	96.06	97.92
绿色发展	95.89	97.68	96.99	102.63	108.01	112.82
创新驱动	86.60	82.30	87.21	97.51	103.98	106.38
协调发展	91.58	92.74	93.66	96.73	97.82	97.49
对外开放	70.19	69.47	70.46	72.24	71.90	70.07
社会共享	87.66	88.64	91.52	95.45	99.82	104.29

绿色发展指数从 2015 年的 95.89 提高到 2020 年的 112.82，增长 17.66％（图 2-18），是长江经济带 11 省市中该指数增速最快的地区，且排名由 2015 年的第 10 位提高到 2018 年的第 7 位，并再次提高到 2019 年和 2020 年的第 4 位，是长江经济带中、上游地区绿色发展的典型代表省份。创新驱动指数从 2015 年的 86.60 提高到 2020 年的 106.38，增长 22.84％，虽然该指数的增速在 5 个分项指数中相对最快，但仍比长江经济带其他省市慢，其排名先由 2015 年的第 9 位下降到 2016 年的第 11 位，再在 2018 年上升到第 10 位。协调发展指数从 2015 年的 91.58 提高到 2020 年的 97.49，增长 6.45％，6 年间的指数排名稳定在第 10 位。对外开放指数从 2015 年的 70.19 提高到 2018 年的 72.24，但在 2019 年和 2020 年该指数逐年下降，且在 2020 年下降到 70.07，比 2015 年的指数下降 0.17％，是 5 个分项指数中唯一低于 2015 年的指数，6 年间该指数排名均位列第 11 位。社会共享指数从 2015 年的 87.66 提高到 2020 年的 104.29，增长 18.97％，排名在 2015—2019 年均位列第 11 位，但在 2020 年提高到第 10 位。

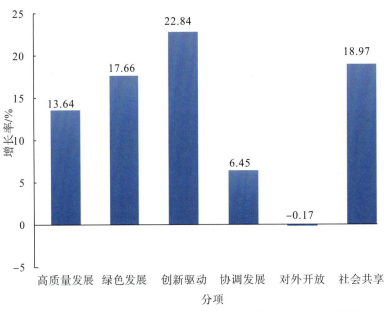

图 2-18　贵州省 2020 年高质量发展指数及分项指数比 2015 年增长情况

(四)云南省

云南省高质量发展指数从 2015 年的 86.38 提高到 2020 年的 90.46(表 2-19),增长 4.72%,其在 2019 年增速相对最快,比 2018 年增长 2.12。排名方面,云南省高质量发展指数在 2015—2017 年均位列第 10 位,在 2018 年后被贵州反超,位列第 11 位。

表 2-19　　　　　　　　　云南省 2015—2020 年高质量发展指数及分项指数

指数	2015 年	2016 年	2017 年	2018 年	2019 年	2020 年
高质量发展	86.38	86.57	88.11	90.05	92.17	90.46
绿色发展	98.71	98.58	97.95	98.74	99.06	97.40
创新驱动	84.35	84.07	87.88	88.47	93.02	91.58
协调发展	85.71	86.98	88.46	90.64	92.31	91.87
对外开放	74.26	72.60	72.64	74.23	73.91	72.55
社会共享	89.63	91.62	94.70	99.40	103.88	100.19

绿色发展指数从 2015 年的 98.71 提高到 2019 年的 99.06,增长 0.35%(图 2-19),但在 2020 年该指数下降到 97.40,不仅比 2019 年下降 1.66,且比 2015 年下降 1.33%,排名也由 11 省市的第 10 位下降到第 11 位。创新驱动指数从 2015 年的 84.35 提高到 2020 年的 91.58,增长 8.57%,虽然保持逐年增长的态势,但增速与其他省市比较而言相对缓慢,排名在 2015 年的第 11 位提高到 2016 年和 2017 年的第 10 位,随后则又下降到第 11 位。协调发展指数从 2015 年的 85.71 提高到 2020 年的 91.87,增长 7.19%,6 年间的排名均位列第 11

位。对外开放指数从 2015 年的 74.26 下降到 2020 年的 72.55,降低 2.3%,6 年间的排名均位列第 10 位。社会共享指数从 2015 年的 89.63 提高到 2020 年的 100.19,增长 11.78%,该指数在 2015—2019 年均位列第 10 位,但在 2020 年被贵州反超位列第 11 位。

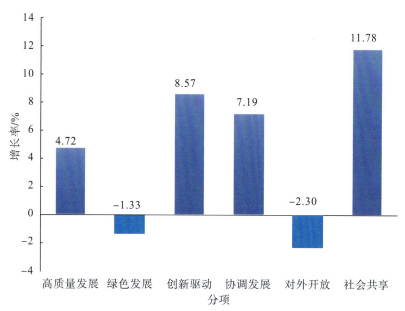

图 2-19　云南省 2020 年高质量发展指数及分项指数比 2015 年增长情况

(五)云南、贵州、四川、重庆 4 省市高质量发展指数比较

长江上游地区云南、贵州、四川、重庆 4 省市高质量发展指数见表 2-20。

表 2-20　　　　　　长江经济带上游地区 2015—2020 年高质量发展指数

年份	地区	绿色发展		创新驱动		协调发展		对外开放		社会共享		高质量发展	
		得分	排名	得分	排名	得分	排名	得分	排名	得分	排名	得分	排名
2015 年	重庆	102.62	5	96.14	8	99.38	9	92.53	8	100.96	6	98.23	8
	四川	95.23	11	103.65	7	101.40	7	92.52	9	101.01	5	98.69	7
	贵州	95.89	10	86.60	9	91.58	10	70.19	11	87.66	11	86.17	11
	云南	98.71	9	84.35	11	85.71	11	74.26	10	89.63	10	86.38	10
2018 年	重庆	103.64	4	115.14	8	105.14	7	92.88	9	119.29	6	107.04	8
	四川	95.81	11	137.35	5	104.04	9	97.56	8	119.41	5	110.81	6
	贵州	102.63	7	97.51	10	96.73	10	72.24	11	95.45	11	92.68	10
	云南	98.74	10	88.47	11	90.64	11	74.23	10	99.40	10	90.05	11

年份	地区	绿色发展		创新驱动		协调发展		对外开放		社会共享		高质量发展	
		得分	排名	得分	排名	得分	排名	得分	排名	得分	排名	得分	排名
2020年	重庆	108.59	5	119.69	9	105.94	7	94.39	9	152.49	4	115.83	7
	四川	97.36	11	155.10	6	101.92	9	102.49	7	116.08	8	114.74	8
	贵州	112.82	4	106.38	10	97.49	10	70.07	11	104.29	10	97.92	10
	云南	97.40	10	91.58	11	91.87	11	72.55	10	100.19	11	90.46	11

通过比较,可以概括为以下几个特点:一是重庆和四川是长江经济带上游地区高质量发展的"领头羊",重庆在绿色发展、社会共享领域的优势显著,而四川在创新驱动领域的优势明显,推动成渝地区双城经济圈发展是促进长江经济带上游地区高质量发展的重要抓手。二是贵州省的绿色发展水平快速崛起,其绿色发展指数增速位列11省市第1位,且指数排名从2015年的第10位上升到2020年的第4位。三是云南和贵州两地的高质量发展需要进一步发力,尤其在对外开放领域,两省2020年对外开放指数均相较于2015年呈现下降趋势。

第三节　长江经济带上、中、下游高质量发展指数比较

长江经济带11省市从西至东依次划分为上游、中游和下游三个区域,其中下游地区包括上海、江苏、浙江、安徽3省1市,中游地区包括江西、湖北、湖南3省,上游地区包括重庆、四川、云南、贵州3省1市,据此对长江经济带上、中、下游的高质量发展指数进行比较分析,为推动长江经济带上、中、下游协调发展提供参考。

一、高质量发展指数比较

一是长江经济带上、中、下游的高质量发展指数均呈上升趋势。下游地区的高质量发展指数由2015年的144.66上升到2020年的179.49(图2-20),中游地区高质量发展指数由2015年的102.17上升到2020年的119.01,上游地区的高质量发展指数由2015年92.37上升到2020年的104.74。

二是下游地区高质量发展指数始终保持领先。长江经济带上、中、下游地区高质量发展指数对应呈现出"低—中—高"的空间格局。2015—2020年,长江经济带下游地区高质量发展指数始终保持领先位置,6年间下游地区高质量发展指数均值为161.07,中游地区高质量发展指数均值为110.09,上游地区高质量发展指数均值为98.12。

三是下游地区高质量发展指数的增速较快。下游地区2020年高质量发展指数比2015年增长24.08%,中游地区2020年高质量发展指数比2015年增长16.48%,上游地区2020

年高质量发展指数比 2015 年增长 13.39%，下游地区增长相对较快，其次是中游地区，上游地区增速相对较慢。但受新型冠状病毒感染影响，上、中、下游地区 2020 年的高质量发展指数的增速均有所放缓。

图 2-20　2015—2020 年长江经济带上、中、下游地区高质量发展指数差值变化

四是上、中、下游的高质量发展指数差距呈逐年扩大趋势。下游与中游地区高质量发展指数差距由 42.49 扩大到 60.48，下游与上游地区高质量发展指数差距由 52.29 扩大到 74.75，中游与上游地区高质量发展指数差距由 9.80 扩大到 14.27（图 2-21）。

图 2-21　2015—2020 年长江经济带上、中、下游地区高质量发展指数差值变化

五是上、中、下游内部省市呈现"两头分化、中游相当"的格局。长江下游 4 省市，6 年高

质量发展指数均值最高的上海为 188.27,江苏和浙江两省 6 年高质量发展指数均值分别为 179.17 和 162.84,而安徽 6 年的高质量发展指数均值为 114.01,与江苏、浙江、上海还存在一定差距。长江上游 4 省市高质量发展指数均值则呈现四川(107.07)、重庆(105.36)、贵州(91.08)、云南(88.96)依次下降趋势,且四川的高质量发展指数比云南高 18.11。长江中游 3 省高质量发展指数接近,6 年的高质量发展指数均值在 100~120,湖北与江西两省 6 年的高质量发展指数均值差距为 17.05。

二、绿色发展指数比较

一是下游地区绿色发展指数保持领先优势。下游地区绿色发展指数由 2015 年的 133.45 提高到 2020 年的 136.41,6 年均值为 134.95(图 2-22);中游地区绿色发展指数由 2015 年的 100.88 提高到 2020 年的 103.66,6 年均值为 101.99;上游地区绿色发展指数由 2015 年的 98.11 提高到 2020 年的 104.04,6 年均值为 100.12。

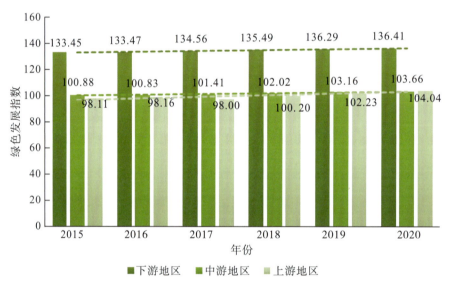

图 2-22　2015—2020 年长江经济带上、中、下游地区绿色发展指数变化

二是上游地区绿色发展指数增速相对最快。上游地区 2020 年绿色发展指数比 2015 年增长 6.04%,增速相对最快;其次是中游地区,2020 年绿色发展指数比 2015 年增长 2.76%,比上游地区低 3.28%;下游地区 2020 年绿色发展指数比 2015 年增长 2.22%。受新型冠状病毒感染和增速影响,上游地区绿色发展指数在 2020 年超过中游地区,达到 104.04,比中游地区高 0.38。

三是上、中、下游绿色发展指数差距呈现先扩大后缩小的趋势。2015—2020 年上、中、下游的绿色发展指数标准差先由 2015 年的 16.05 扩大到 2017 年的 16.49,2018 年下降到 16.22,随后逐步下降到 2020 年的 15.35(图 2-23)。

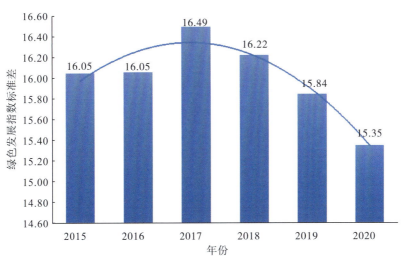

图 2-23　2015—2020 年长江经济带上、中、下游地区绿色发展指数标准差变化

四是中游地区内部 3 省绿色发展指数差距相对最小。中游地区 3 省绿色发展指数差距呈现先扩大后缩小的趋势，3 省绿色发展指数标准差先由 2015 年的 0.22 逐年扩大到 2019 年的 1.53，但在 2020 年又缩小到 0.38。下游地区 4 省市绿色发展指数标准差则由 2015 年的 32.71 扩大到 2020 年的 35.20。上游地区 4 省市绿色发展指数标准差由 2015 年的 2.91 扩大到 2020 年的 6.83。由此可见，下游地区 4 省市的绿色发展水平差距相对较大，而中游地区绿色发展水平差距相对较小(图 2-24)。

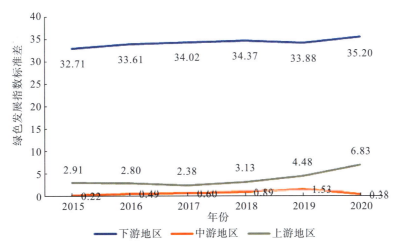

图 2-24　2015—2020 年长江经济带上、中、下游地区内部绿色发展指数标准差变化

三、创新驱动指数比较

一是下游地区创新驱动指数保持领先。2015—2020 年，下游地区创新驱动指数由 155.80 上升到 2020 年的 231.16(图 2-25)，均值为 189.05；中游地区创新驱动指数由

107.58 上升到 2020 年的 154.36,均值为 126.64;上游地区创新驱动指数由 92.69 上升到 2020 年的 118.19,均值为 104.78。

图 2-25　2015—2020 年长江经济带上、中、下游地区创新驱动指数变化

　　二是中、下游地区创新驱动指数保持快速增长。下游地区 2020 年创新驱动指数比 2015 年增长 48.37%,增速相对最快。其次是中游地区,其 2020 年创新驱动指数比 2015 年增长 43.48%。下游和中游地区创新驱动指数增长均超过 40%。上游地区 2020 年创新驱动指数比 2015 年增长 27.51%,分别比下游地区和中游地区低 20.86% 和 15.97%。

　　三是上、中、下游地区创新驱动指数差距呈逐年扩大趋势。下游与中游地区创新驱动指数差距由 2015 年的 48.22 扩大到 2020 年的 76.80;下游与上游地区创新驱动指数差距由 2015 年的 63.12 扩大到 2020 年的 112.97;中游与上游地区创新驱动指数差距由 2015 年的 14.90 扩大到 2020 年的 36.18(图 2-26)。

图 2-26　2015—2020 年长江经济带上、中、下游地区创新驱动指数差值变化

　　四是上、中、下游地区创新驱动指数差距均呈扩大态势,上游地区内部差距相对较小。上游地区 4 省市创新驱动指数标准差由 2015 年的 7.72 扩大到 23.52,中游 3 省创新驱动指数标准差由 19.77 扩大到 25.24,下游 4 省市创新驱动指数标准差由 24.79 扩大到 50.83。由此可见,上游 4 省市的创新驱动水平差距相对较小,但中游地区创新驱动水平差距扩大的趋势相对较为缓慢(图 2-27)。

图 2-27　2015—2020 年长江经济带上、中、下游地区内部创新驱动指数标准差变化

四、协调发展指数比较

　　一是下游地区协调发展指数保持领先。2015—2020 年,下游地区协调发展指数由 121.43 上升到 2020 年的 128.57(图 2-28),均值为 125.74;中游地区协调发展指数由 103.99 上升到 2020 年的 107.25,均值为 106.82;上游地区协调发展指数由 94.52 上升到 2020 年的 99.31,均值为 97.72。

图 2-28　2015—2020 年长江经济带上、中、下游地区协调发展指数变化

二是上、中、下游地区协调发展指数在 2020 年均比 2019 年下降。受新型冠状病毒感染影响,长江经济带 2020 年部分省市 GDP 增速、人均社会消费品零售总额、铁路地区间货物交流等指标有所下降,导致长江经济带上、中、下游协调发展指数在 2020 年均略有下滑。下游地区由 2019 年的 129.54 下降为 128.57;中游地区由 2019 年的 110.24 下降为 107.25;上游地区由 2019 年的 100.73 下降为 99.31。

三是上、下游地区协调发展指数增长相对较快。下游地区 2020 年协调发展指数比 2015 年增长 5.88%,增速相对最快。其次是上游地区,其 2020 年协调发展指数比 2015 年增长 5.07%,下游和上游地区协调发展指数增长均超过 5%。中游地区 2020 年协调发展指数比 2015 年增长 3.13%,增速均低于上游和下游地区。

四是上、中、下游地区协调发展指数差距呈缓慢扩大过程。下游与中游地区协调发展指数差距由 2015 年的 17.44 扩大到 2020 年的 21.32;下游与上游地区协调发展指数差距由 2015 年的 26.91 扩大到 2020 年的 29.26;中游与上游地区协调发展指数差距由 2015 年的 9.47 扩大到 2019 年的 9.50,但在 2020 年的差距缩小为 7.94(图 2-29)。

图 2-29 2015—2020 年长江经济带上、中、下游地区协调发展指数差值

五、对外开放指数比较

一是上、中、下游地区对外开放指数呈上升趋势,中游地区该指数在 2020 年有所下降(图 2-30)。下游地区 2020 年对外开放指数比 2015 年增长 16.53%,增速相对最快,且远高于中游和上游地区。其次是中游地区,其 2020 年对外开放指数比 2015 年增长 6.02%,但中游地区 2020 年的对外开放指数比 2019 年下降 3.59。上游地区 2020 年对外开放指数比 2015 年增长 3.05%,分别比下游地区和中游地区低 13.48% 和 2.98%,对外开放是上游地区发展的主要短板之一。

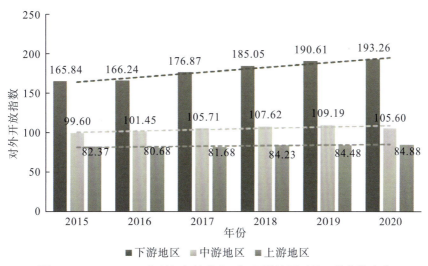

图 2-30 2015—2020 年长江经济带上、中、下游地区对外开放指数变化

二是下游地区对外开放水平相对较高。2015—2020 年,下游地区对外开放指数由
165.84 上升到 2020 年的 193.26,均值为 179.64;中游地区对外开放指数由 99.60 上升到
2020 年的 105.60,均值为 104.86;上游地区对外开放指数由 82.37 上升到 2020 年的
84.88,均值为 83.05。

三是下游地区对外开放水平的内部差距相对最大,中游地区对外开放水平差距则有所缩
小。从上、中、下游内部差距来看(图 2-31),下游地区 4 省市对外开放指数标准差由 2015 年的
37.21 扩大到 2020 年的 47.97,反映出 4 省对外开放水平的差距较大;中游 3 省对外开放指数
标准差由 2015 年的 4.10 扩大到 2017 年的 4.96,随后差距逐步缩小,且在 2020 年缩小到
2.41;上游地区 4 省市对外开放指数标准差由 2015 年的 10.25 缓慢扩大到 2020 年的 13.89。

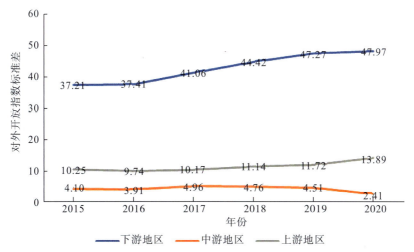

图 2-31 2015—2020 年长江经济带上、中、下游地区内部对外开放指数标准差变化

四是上游与中游的对外开放水平差距有所缩小。中游与上游地区对外开放指数差距由2015年的17.22缓慢扩大到2019年的24.71(图2-32),但在2020年上游与中游对外开放指数差距有所缩小,差值缩小到20.73;下游与中游地区对外开放指数差距由2015年的66.24扩大到2020年的87.65;下游与上游地区对外开放指数差距由2015年的83.47扩大到2020年的108.38。

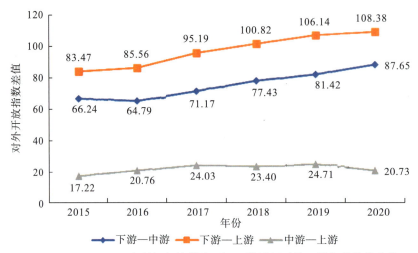

图2-32 2015—2020年长江经济带上、中、下游地区对外开放指数差值变化

六、社会共享指数比较

一是下游地区社会共享指数保持快速增长,中游和上游地区增速相当。下游地区2020年社会共享指数比2015年增长41.93%,增速相对最快(图2-33)。其次是中游地区,2020年社会共享指数比2015年增长25.36%。上游地区2020年社会共享指数比2015年增长24.72%。中游地区与上游地区社会共享指数增速相当,均在25%左右。

图2-33 2015—2020年长江经济带上、中、下游地区社会共享指数变化

二是下游地区社会共享指数相对较高,中游和上游社会共享水平相当。2015—2020年,下游地区社会共享指数由 144.62 上升到 2020 年的 205.26,均值为 173.60;中游地区社会共享指数由 98.72 上升到 2020 年的 123.76,均值为 109.87;上游地区社会共享指数由 94.82 上升到 2020 年的 118.26,均值为 105.77。中游和上游地区 6 年间的社会共享指数均值相当,差距较小。

三是上、中、下游社会共享水平差距呈扩大趋势,且下游 4 省市差距扩大程度最为显著。下游 4 省市社会共享指数标准差由 2015 年的 39.59 扩大到 2020 年的 58.88,中游 3 省社会共享指数标准差由 2015 年的 3.61 扩大到 2020 年的 8.42,上游 4 省市社会共享指数标准差由 2015 年的 6.21 扩大到 2020 年的 20.61,中游 3 省的社会共享指数差距相对最小(图 2-34)。

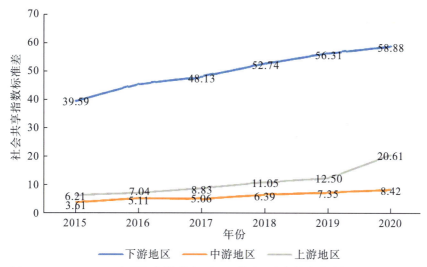

图 2-34　2015—2020 年长江经济带上、中、下游地区内部社会共享指数标准差变化

第四节　推进长江经济带高质量发展的对策建议

一.谱写绿色长江新篇章

(一)持续推进长江大保护,拓宽生态系统功能

以《中华人民共和国长江保护法》为指导,坚守长江经济带"三区十二带"[①]生态红线,从

---

①"三区"为川滇森林区、武陵山区和浙闽赣皖山区,"十二带"为秦巴山地带、大别山地带、若尔盖草原湿地带、罗霄山地带、江苏西部丘陵山地带、湘赣南岭山地带、乌蒙山—苗岭山地带、西南喀斯特地带、滇南热带雨林带、川滇干热河谷带、大娄山地带和沿海生态带。

生态系统整体性和长江流域系统性出发,加快"三区两线"①范围生态环境修复。推动长江全流域按单元精细化分区管控,健全负面清单管理制度,加强生物多样性保护,推进安澜长江系统建设,实现生态环境保护由量变到质变的飞跃。同时,突出长江经济带水资源优势和水生态保护,重点开展长江干支流、湖泊和湿地等生态保护与修复(表2-21),增强生态系统整体功能。瞄准生态产品价值实现领域,着力在生态产品价值核算、生态产品市场化经营开发、生态产品保护补偿、金融助力生态产品价值实现等领域取得新突破。

表2-21　　　　　　　　　　长江经济带水生态保护重点

领域	保护重点
干支流	加强长江干流及岷江、赤水、沱江、嘉陵江、乌江、汉江、雅砻江、湘江、沅江、赣江和清江等重点支流保护,建立水环境质量底线管理制度,坚持点源、面源和流动源综合防治策略,切实维护和改善长江水质
湿地	落实《"十四五"长江经济带湿地保护修复实施方案》,根据地域特点将长江经济带分为长江上游高原、长江中游低山丘陵和长江下游冲积平原三个区域,分类分区有针对性提出保护修复措施和重点工作任务
湖泊	落实《关于加强长江经济带重要湖泊保护和治理的指导意见》,针对长江经济带重要湖泊面临的生态功能受损、水源涵养能力不足、水环境恶化、生物多样性萎缩、蓄洪能力下降等突出问题,以鄱阳湖、洞庭湖、太湖、巢湖、洱海、滇池等重要湖泊为重点,推进重要湖泊生态环境系统保护修复

(二)锚定"双碳"目标,推动经济绿色低碳发展

一是推动传统产业绿色转型,围绕资源能源利用效率和清洁生产水平提升,实施绿色示范工程,坚决遏制"两高"项目盲目发展,加快构建产业绿色发展体系,建立健全产业绿色发展长效机制。二是以城市群为载体,通过"行业＋城市群＋流域"的模式,推动城市群制定省碳达峰碳中和方案并付诸实施,采取碳总量和强度双控,倒逼经济结构、能源结构、交通运输结构不断优化升级。三是实施绿色技术创新系列专项行动,制定绿色生态标准化原理和方法,开展节能、循环经济、绿色生态家园、美丽乡村等国家级和省级标准化试点示范建设。四是调整优化能源结构,有序发展核能、风电、页岩气、太阳能、生物质能、氢能等清洁替代能源。

(三)"内外兼修",完善生态保护体制机制

"内"即结合各省生态保护的重点完善体制机制,比如开展资源环境承载能力的监测预警评估,推进河湖长制、林长制、生态环境损害赔偿制度、生态环境损害责任终身追究制度、

①"三区两线":自然保护区、景观区、居民集中生活区,交通干线、河流湖泊的直观可视范围线。

环境保护"党政同责"和"一岗双责"等制度,探索全面自然资源有偿使用制度。选择跨流域、跨行政区域和省域范围内具备条件的地区开展试点,加快推动生态产品价值实现。"外"即健全生态环境协同保护机制,比如环境的联防联控机制、统一的生态环境监测网络、全流域的生态保护治理基金以及多元化、多层面的生态保护补偿机制。

二、实现创新长江新突破

(一)加强重点产业集群的关键技术领域协同创新

以推进产业基础高级化和产业链现代化为导向,在新型平板显示、集成电路、先进轨道交通装备、汽车制造、电子商务等世界级产业集群,征集遴选一批行业关键核心共性技术,加快编制《关键核心共性技术发展指南》,明确各产业链及主要产品的技术短板、创新需求,加大产业前沿及关键共性技术研发投入,大力支持流域内国家产业创新中心、国家技术创新中心及技术创新联盟建设,依托产业集群建设关键领域创新共同体。

(二)全面培育产业发展新动力

一是发挥沿江产业带重点省市的优势条件和基础,瞄准发展潜力较强、市场前景广阔的产业领域,加快发展高端装备制造、新一代信息技术、节能环保、现代生物、新材料、新能源、新能源汽车等战略性新兴产业,培育一批新技术、新业态和新模式。二是统筹推进上海、安徽(合、芜、蚌)、武汉、四川(成、德、绵)的全面创新改革试验区以及上海张江、苏南、武汉东湖、长株潭、合芜蚌、成都等国家自主创新示范区建设,加快突破集成电路、生物医药、智能机器人、航空装备、光电子、高性能医学诊疗设备、生物工程育种、新型平板显示、卫星导航、轨道交通等领域的核心技术,实现由"中国制造"向"中国创造"转变。三是推动生产性服务业向专业化和价值链高端延伸,推进服务业与农业、制造业更高水平融合,实现优质高效创新发展。

(三)加快三大创新共同体载体建设

上游地区统筹天府国际生物城、未来科技城、成都高新区、重庆两江协同创新区、重庆大学城、重庆高新区、中国(绵阳)科技城等资源,以"一城多园"模式合作共建西部科学城。中游地区以"一城(东湖科学城)多园"模式,推动"三廊"(光谷科创大走廊、长株潭科技创新走廊、赣江两岸科创大走廊)对接联动,加快建立"三区"(东湖、长株潭和鄱阳湖国家自主创新示范区)对接合作,合作共建中部科学城。下游地区以 G60 科创走廊为抓手,形成资金共同投入、技术共同转化、利益共同分享的协同创新共同体,建成科技和制度创新双轮驱动、产业和城市一体化发展的先行先试走廊。

(四)完善协同创新体制机制

一是打造开放共享的跨区域科创要素对接平台。探索推进长江经济带"创新券"跨区域兑现,以上海、武汉、杭州、南京、成都等创新资源丰富地区为核心,深化长江经济带大型科学仪器、文献、专业技术服务等共享平台建设。二是优化科技成果转移和产业协同创新机制。推进重点行业领军企业联合上下游企业和高校、科研院所，组建多领域、多形式产学研创新联盟，共同开展研究开发、成果应用与推广、标准研究与制定。支持产学研创新联盟承担重大科技成果转化项目，推动跨区域、跨领域、跨行业协同创新，探索联合攻关、利益共享的有效机制与模式。支持长江经济带园区合作联盟、智能制造与机器人产业联盟等平台建设，推进产业链要素之间的协同创新。

三、探索协调长江新机制

(一)强化三大城市群协调发展引领

长三角地区作为长江经济带早期探索区域合作机制的"先驱"，现已迈入更高质量一体化发展阶段，重点推动科创产业、协同开放、基础设施、生态环境和公共服务领域一体化，全面建立一体化发展体制机制。长江中游城市群把握"协同"这一关键词，加快区域城乡、创新产业、强大市场、基础设施、绿色发展、公共服务、安全发展等领域协同，打造全国高质量发展重要增长极。成渝地区双城经济圈重点围绕"双城联动"，强化重庆和成都中心城市带动作用，引领带动成渝地区统筹协同发展，促进产业、人口及各类生产要素合理流动和高效集聚，形成有实力、有特色的双城经济圈。

(二)加快重点地区协调发展步伐

一是加快都市圈同城化步伐，以推动统一市场建设、基础设施一体高效、公共服务共建共享、产业专业化分工协作、生态环境共保共治、城乡融合发展为重点，培育发展一批现代化都市圈。二是提升省际毗邻地区的合作层次和水平，支持省际交界地区探索建立统一规划、统一管理、合作共建、利益共享的合作新机制。三是以县域为载体重塑新型城乡关系，加快城乡融合步伐，重点围绕城乡要素合力配置、城乡基本公共服务普惠共享、城乡基础设施一体化、乡村经济多元化发展、农民收入持续增长等方面开展体制机制的探索。

(三)健全完善长江经济带协调机制体系

《中华人民共和国长江保护法》从宏观层面明确了长江经济带协调机制(表2-22)，更为重要的是从中观和微观层面推动了协调机制的进一步落实和完善。建议长江经济带以建立工作管理机制为基础，强化动力机制的核心作用，突破利益共享的分配机制难点，强化多元主体协同治理机制保障，推动各个部分之间相互联系、相互作用，推动和保障各领域、各层次合作健康有序进行，从而构成系统完整、有机统一的协调发展机制及系统结构，最终实现不同阶段的发展目标。

表 2-22　　《中华人民共和国长江保护法》中关于区域协调机制的框架与内容

框架	内容
流域协调机制的职责	第四条:明确国家长江流域协调机制统一指导、统筹协调长江保护工作,审议长江保护重大政策、重大规划,协调跨地区跨部门重大事项,督促检查长江保护重要工作的落实情况
流域协调机制的组成	第五条:明确由国务院有关部门和长江流域省级人民政府负责落实国家长江流域协调机制的决策,按照职责分工负责长江保护相关工作,并要求长江流域各级河湖长负责长江保护相关工作
流域信息共享机制	第九条:国家长江流域协调机制应当统筹协调国务院有关部门在已经建立的台站和监测项目基础上,健全长江流域生态环境、资源、水文、气象、航运、自然灾害等监测网络体系和监测信息共享机制。 第十三条:国家长江流域协调机制统筹协调国务院有关部门和长江流域省级人民政府建立健全长江流域信息共享系统,共享长江流域生态环境、自然资源以及管理执法等信息
地方协作机制	第六条:长江流域相关地方在地方性法规和政府规章制定、规划编制、监督执法等方面建立协作机制,协同推进长江流域生态环境保护和修复。 第八十条:明确对长江流域跨行政区域、生态敏感区域和生态环境违法案件高发区域以及重大违法案件,依法开展联合执法
建立专家咨询委员会	第十二条:国家长江流域协调机制设立专家咨询委员会,组织专业机构和人员对长江流域重大发展战略、政策、规划等开展专业咨询;国务院有关部门和长江流域省级人民政府及其有关部门按照职责分工,组织开展长江流域建设项目、重要基础设施和产业布局相关规划等对长江流域生态系统影响的第三方评估、分析、论证等工作

四、构建开放长江新格局

(一)瞄准畅通国内国际大循环主动脉目标,筑牢交通和市场"双枢纽"系统

交通枢纽领域,重点推动长三角、长江中游、成渝、黔中、滇中等城市群干线铁路、城际铁路、市域(郊)铁路、城市轨道交通"四网融合",加快上海、南京、杭州、成都、重庆、武汉等国际性综合交通枢纽城市和一批全国性综合交通枢纽城市建设,形成综合交通枢纽集群、枢纽城市及枢纽港站"三位一体"的综合交通枢纽系统。同时,突出长江经济带水运优势,突出多式联运发展,着力打通"最后一公里"。市场枢纽领域,以国际消费中心城市和区域性消费中心建设为抓手,推动城市消费提质升级,建设覆盖全流域的现代化的流通体系。同时,以城市群、都市圈和毗邻地区为重点,破除有形无形的市场分割的壁垒,率先共同构建统一大市场,并逐步形成长江经济带统一大市场。

(二)瞄准高水平对外开放新高地目标,打造做强各类开放平台

一是发挥上海、浙江、湖北、重庆、四川等国家自由贸易试验区作用,以制度创新为核心,

以产业发展为主导,以平台建设为支撑,推动深化改革创新,支持重点产业全产业链创新发展,打造全国改革开放的先行区。二是推进安徽皖江城市带、江西赣南、湖北荆州、湖南湘南湘西、重庆沿江、四川广安等国家级承接产业转移示范区建设,努力实现在发展中承接、在承接中提升,探索产业合理布局、要素优化配置、资源节约集约利用的承接产业转移新模式、新路径。三是加快上海、南京、杭州、武汉、成都以及重庆两江新区、贵州贵安新区等服务贸易创新发展试点建设,推动在服务贸易管理体制、开放路径、促进机制、政策体系、监管制度、发展模式等方面先行先试,最大限度激发市场活力,打造全国服务贸易创新发展高地。四是提升综合保税区、国家级经开区、跨境电商综试区等开放平台发展能级,以高能级平台促进高水平开放。

(三)瞄准市场化、法治化和国际化目标,持续优化营商环境

根据《长江经济带发展负面清单指南(试行,2021年修订版)》,实施统一的市场准入负面清单,对清单以外的行业、领域、业务等,各类市场主体均可依法平等进入,不以任何形式设置附加条件、歧视性条款和准入门槛。加强事前事中事后全链条监管,加大反垄断和反不正当竞争执法司法力度,依法严厉惩治侵犯知识产权违法犯罪行为,为各类所有制企业发展创造公平竞争环境。对标国际一流水平,建设与国际通行规则接轨的市场体系,促进国际、国内要素有序自由流动、资源高效配置。

五、开启和谐共享新征程

(一)突出公共服务标准化和均等化,实现民生同保目标

一是以《国家基本公共服务标准(2021年版)》为指导,全面实施基本公共服务标准化管理,推进制度衔接和标准统一,对照中央要求精准查缺补漏,优化资源配置。二是以城市群和都市圈为载体,以城市群和都市圈公共服务均等普惠、整体提升为导向,统筹推动基本公共服务、社会保障、社会治理一体化发展,实现高质量的民生同保。

(二)突出保护传承长江文化和城市绿色发展,实现山水人城和谐目标

一是保护传承弘扬长江文化,传承弘扬红船、井冈山、长征、遵义会议等精神,加强长江文化遗产保护,建设长江文化遗产基础数据库和长江文化图谱,加快建设长江国家文化公园。以历史文化街区作为长江记忆的公共文化空间,更多采用"微改造"的"绣花"功夫,尽可能保留历史信息、注重风貌协调,保护历史记忆与生活融合、与发展结合的丰富性,让城市能够触摸到自然肌理、历史脉络和文化记忆。二是大力发展具有长江流域特色的文化产业,加快传媒合作、出版合作、动漫合作、会展合作,推动文化产业的融合与互动,共同打造在全国乃至世界文化发展格局中占有重要地位的文化链、文化圈、文化带。三是推动城市绿色发展,合理安排生产、生活、生态空间,大规模"增绿",抢救性"复绿",构筑更多自然景观、滨水绿带,倡导绿色生产生活方式,努力创造宜业、宜居、宜乐、宜游的良好环境。

第三章　长江经济带绿色发展报告

绿色发展是人与自然和谐共存的可持续发展模式,是推动经济发展质量变革、效率变革和动力变革的重要引擎。以习近平同志为核心的党中央将绿色发展作为长江经济带高质量发展的底色,强调"自觉地推动绿色发展、循环发展、低碳发展,决不以牺牲环境为代价去换取一时的经济增长"。[①] 本章将对近年来长江经济带绿色发展情况展开分析和评价。

第一节　长江经济带绿色发展现状分析

本报告从资源利用、生态保护与生态供给等 3 个方面选取指标对绿色发展领域展开评价,本节将依次展开分析。

一、资源利用现状分析

在对资源利用的评价上,本报告选取了单位 GDP 能耗降低率、一般工业固体废弃物综合利用率和万元 GDP 用水量 3 个指标。具体来看:

(1)单位 GDP 能耗降低率。2015—2020 年,长江经济带 11 省市单位 GDP 能耗降低率逐渐收窄,其中 2020 年仅上海单位 GDP 能耗降低率保持正向降低状态,其他 10 省市均表现为负向增长的变化趋势(图 3-1)。2020 年长江经济带单位 GDP 能耗不降反增,主要原因是受新型冠状病毒感染影响。但从 2015—2019 年的数据来看,长江经济带 11 省市单位 GDP 能耗降低率年均变化呈明显的下降趋势(图 3-2)。从图中可以看出 4 年间,云南降幅最为明显,单位 GDP 能耗降低率由 2015 年的 8.83% 下降为 2019 年的 2.91%,年均下降 24.23%;重庆 4 年间年均下降 23.07%,排名第 2 位;四川年均下降 20.89%,排名第 3 位;11 省市中排名最后 3 位的分别是上海、江西和浙江,年均下降率分别为2.04%、2.17% 和 2.27%,主要原因在于该 3 省市单位 GDP 能耗降低率基数小,相较于其他 8 省市下降幅度有限。

①习近平:《在十八届中央政治局第六次集体学习时的讲话》(2013 年 5 月 24 日),载《习近平关于全面建成小康社会论述摘编》,中央文献出版社 2016 年版,第 165 页。

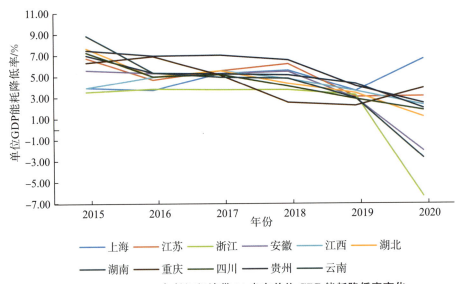

图 3-1　2015—2020 年长江经济带 11 省市单位 GDP 能耗降低率变化

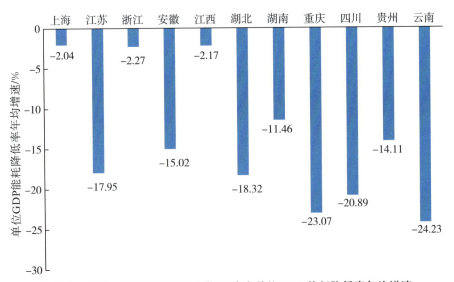

图 3-2　2015—2020 年长江经济带 11 省市单位 GDP 能耗降低率年均增速

（2）一般工业固体废弃物综合利用率。2015—2020 年，长江经济带 11 省市一般工业固体废弃物综合利用率变化具有明显的区域分层现象。根据一般工业固体废弃物综合利用率均值高低，长江经济带 11 省市可以分为以下 3 个层次（图 3-3）：下游地区 4 省市均值分别为 94.1%、92.92%、92.78% 和 87.16%；湖北、湖南、重庆和贵州，4 省市 6 年间均值分别为 65.91%、73.11%、76.82% 和 61.71%；江西、四川和云南 3 省均值分别为 44.13%、39.14% 和 46.93%。

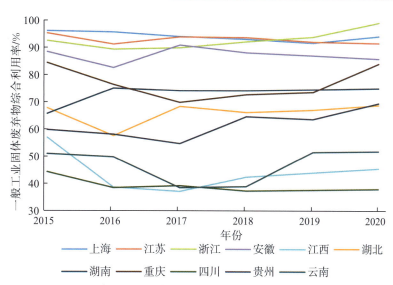

图 3-3 2015—2020 年长江经济带 11 省市一般工业固体废弃物综合利用率变化

从年均增速上来看(图 3-4),一方面,虽然下游地区基数高,上海、江苏和安徽一般工业固体废弃物综合利用率均值呈下降趋势,但浙江却以 1.36% 的年均增速不断增长;另一方面,中、上游地区的江西和四川一般工业固体废弃物综合利用率下降明显,重庆略有降低,湖北、湖南、云南和贵州 4 省一般工业固体废弃物综合利用率均呈增长趋势。在一般工业固体废弃物综合利用率分层现象中,处于中低层的均是长江经济带中、上游地区,在工业生产及废弃物处理等技术和资金方面落后于下游地区,进而造成了资源利用上的差距,但随着中、上游技术创新及下游地区技术转移,中、上游地区资源利用率正不断提高。

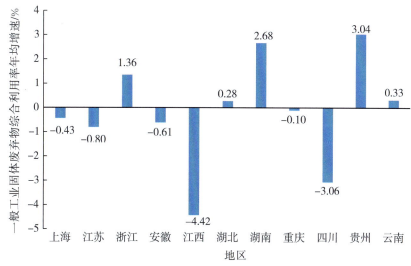

图 3-4 2015—2020 年长江经济带 11 省市一般工业固体废弃物综合利用率年均增速

(3)万元 GDP 用水量。2015—2020 年长江经济带 11 省市万元 GDP 用水量呈下降趋势

（图 3-5）。根据万元 GDP 用水量均值的高低，可以将 11 省市分为三类：一类是高用水量地区，万元 GDP 用水量在 100m³ 以上。江西属于高用水量地区，样本年间万元 GDP 用水量虽从 146.48m³ 下降至 94.68m³，但 6 年均值为 118.4m³。第二类为中等用水量地区，万元 GDP 用水量在 67～100m³。其中湖南和安徽万元 GDP 用水量均值分别为 94.86m³ 和 93.23m³，在中等用水量地区中排名 1、2 位，云南万元 GDP 用水量均值达到 80.27m³，湖北、贵州、江苏和四川万元 GDP 用水量均值分别为 77.34m³、73.02m³、67.67m³ 和 67.11m³。第三类为低用水量地区，万元 GDP 用水量低于 40m³。该类地区有重庆（37.83m³）、浙江（32.87m³）和上海（30.97m³）。

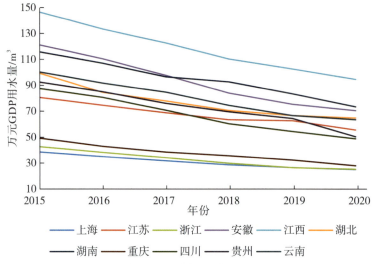

图 3-5　2015—2020 年长江经济带 11 省市万元 GDP 用水量变化

从上、中、下游地区来看，下游地区万元 GDP 用水量均值为 56.18m³，在 3 个区域中最低；上游地区万元 GDP 用水量均值为 64.56m³，在 3 个区域居中；中游地区万元 GDP 用水量均值为 96.87m³，在 3 个区域中最高。从年均增速上来看（图 3-6），上游地区 4 省市万元 GDP 用水量降速均值最高，为 10.46%；其次是下游地区，为 8.92%；中游地区用水量降速均值最低，为 8.41%。比较来看，中游地区万元 GDP 用水量均值高且降速最低，与上、下游地区之间存在差距，还需在用水方式及节水技术等方面努力。

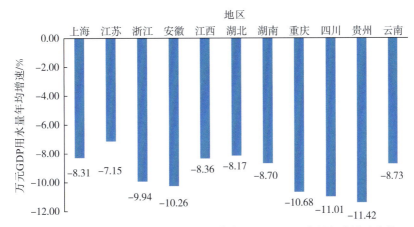

图 3-6　2015—2020 年长江经济带 11 省市万元 GDP 用水量年均增速变化

二、生态保护现状分析

在对生态保护的评价上，本报告选取了生态修复治理投资占 GDP 比重、地方财政节能环保支出占财政支出比重和地级及以上城市空气质量优良天数比例 3 个指标。具体来看：

(1)生态修复治理投资占 GDP 比重。2015—2020 年，长江经济带 11 省市生态修复治理投资占 GDP 比重总体呈下降趋势(图 3-7)。其中贵州生态修复治理投资占比年均增长 32.93%，江西年均增长 5.71%，且仅该两省生态修复治理投资占比均值为正增长；在 9 个生态修复治理投资占比均值年均增长率为负的省市中，江苏年均下降 9.76%，其次为安徽 8.46%，云南年均下降 7.39%(图 3-8)。长江大保护战略实施以来，各级人民政府加大生态环境保护力度，2016 年和 2017 年投入相关财政资金共 2518.24 亿元，其中中央财政 1722.12 亿元，地方各级财政 796.12 亿元，通过制定或修订相关制度，开展各类专项行动，在取得一定成效的同时，也遇到开发管控不够到位、生态修复未达预期等问题，污染治理还存在一些薄弱环节。

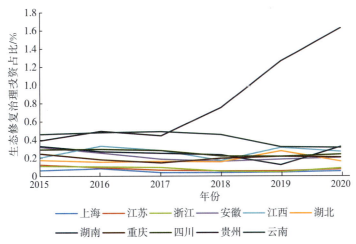

图 3-7　2015—2020 年长江经济带 11 省市生态修复治理投资占比变化

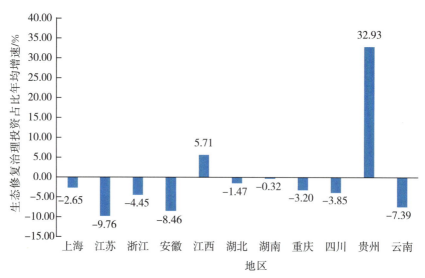

图 3-8　2015—2020 年 11 省市生态修复治理投资占比年均增速变化

（2）地方财政节能环保支出占财政支出比重。2015—2020 年，长江经济带 11 省市地方财政节能环保支出占财政支出比重主要呈增长趋势（图 3-9）。其中除江苏、浙江、重庆和云南 4 省市年均增长率为负外，其余 7 省市年均增长率均为正值。样本年间，上游地区地方财政节能环保支出占比均值最高，为 2.88％，且高于长江经济带地方财政节能环保支出占比均值；中游地区支出占比均值居中，为 2.7％；下游地区占比均值最低，为 2.64％。但中、下游地区支出占比均值处于长江经济带 11 省市均值水平以下（图 3-10）。地方财政节能环保支出是长江经济带绿色发展的重要资金来源，但由于地方财政有限，部分省市财政节能环保支出占比有所下降。

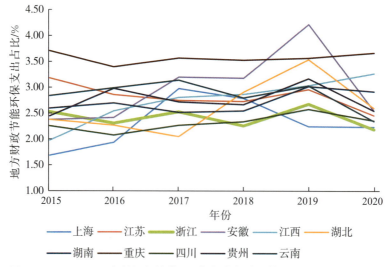

图 3-9　2015—2020 年长江经济带 11 省市地方财政节能环保支出占比变化

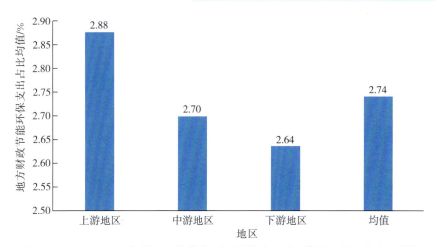

图 3-10　2015—2020 年长江经济带上、中、下游地方财政节能环保支出占比均值

（3）地级及以上城市空气质量优良天数比例。2015—2020 年长江经济带 11 省市地级及以上城市空气质量优良天数比例呈明显上升趋势（图 3-11）。具体来看，上游地区地级及以上城市空气质量优良天数比例最高，样本年间 4 省市均值为 91.16％，其中云南比例达到 98.3％以上，贵州比例也高达 97.44％，重庆和四川比例均值均在 84％以上；中游地区地级及以上城市空气质量优良天数比例居中，样本年间 3 省均值为 83.15％，其中江西在中游地区比例均值最高，为 88.75％，其次为湖南 83.67％，湖北较低为 77.03％；下游地区地级及以上城市空气质量优良天数比例较低，样本年间 4 省市均值为 77.33％，其中仅浙江 6 年间比例均值达到 85.28％，上海、江苏和安徽比例均值都在 80％以下，分别为 79.07％、70.87％和74.11％。从增速上来看（图 3-12），中游地区 3 省年均增速最快达到 3.3％，其中湖北年均增速最高为 5.48％；下游地区居中为 3.28％，其中上海、江苏和浙江年均增速都在 3.7％及以上；上游地区年均增速反而最低为 1.42％，其中云南最低为 0.35％，也是 11 省市中最低。

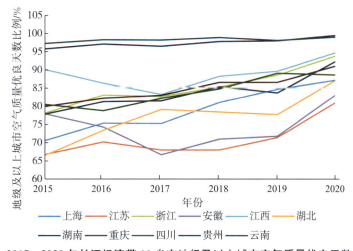

图 3-11　2015—2020 年长江经济带 11 省市地级及以上城市空气质量优良天数比例变化

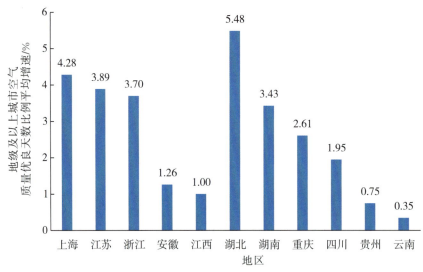

图 3-12 长江经济带 11 省市地级及以上城市空气质量优良天数比例年均增速变化

三、生态供给现状分析

在对生态供给的评价上,本报告选取了湿地面积占辖区面积比重、森林覆盖率和建成区绿化覆盖率 3 个指标。具体来看:

(1)湿地面积占辖区面积比重。2015—2020 年长江经济带 11 省市湿地面积占辖区面积比重较为稳定(图 3-13),但 11 省市之间的差距较大,其中上海高达 73.27％,江苏为 27.51％,浙江为 10.91％,其余 8 省市湿地面积占比均在 8％以下,而贵州最低仅为 1.19％。上、中、下游地区自然资源禀赋差异,直接影响了其湿地面积占比。

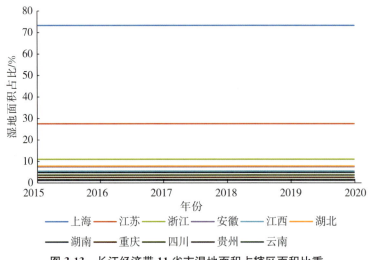

图 3-13 长江经济带 11 省市湿地面积占辖区面积比重

(2)森林覆盖率。2015—2020 年长江经济带 11 省市森林覆盖率明显提升(图 3-14)。

同样受地理条件影响,相比湿地面积占辖区面积比重,下游地区森林覆盖率偏低,6 年均值为 28.81％,其中仅浙江森林覆盖率均值达到 59.25％,安徽均值为 28.09％,江苏均值为15.5％,上海均值仅为 12.39％;中游地区森林覆盖率以江西最高,6 年均值达到 60.59％,也居长江经济带 11 省市中最高,湖北和湖南均值分别为 39.01％和 48.73％;上游地区森林覆盖率普遍较高,4 省市 6 年均值为 42.59％,其中云南均值高达 52.54％,贵州和重庆均值分别为 40.43％和 40.77％,四川均值稍低,但也达到了 36.63％。

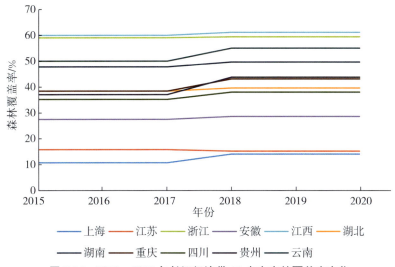

图 3-14　2015—2020 年长江经济带 11 省市森林覆盖率变化

（3）建成区绿化覆盖率。2015—2020 年长江经济带 11 省市建成区绿化覆盖率总体呈增长趋势(图 3-15)。其中,江西建成区绿化覆盖率最高,6 年间由 44.1％上升为 46.4％,均值为 45.12％;江苏建成区绿化覆盖率 6 年间由 42.8％上升为 43.5％,均值为 43.12％,排名第 2 位;安徽建成区绿化覆盖率 6 年间由 41.2％上升为 42％,均值为 42.05％,排名第 3 位;上海建成区绿化覆盖率最低,6 年间由 38.5％上升为 39.1％后又下降至 37.3％,是 11 省市中唯一下降的地区。从年均增长率上来看(图 3-16),贵州建成区绿化覆盖率年均增速最高,为 2.64％;其次是四川,为 1.89％;湖北排名第 3 位,为 1.85％;上海年均增速最低,为 −0.63％;江苏和安徽建成区绿化覆盖率虽高,但年均增速为 0.32％和 0.39％,排名第 10位和第 9 位。

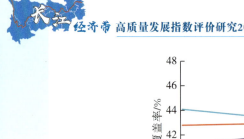

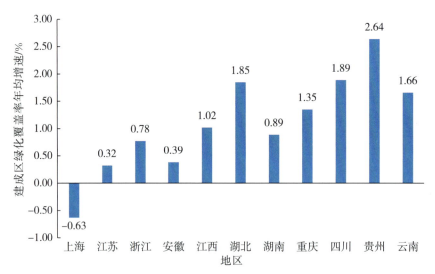

图 3-15 2015—2020 年长江经济带 11 省市建成区绿化覆盖率变化

图 3-16 2015—2020 年 11 省市建成区绿化覆盖率年均增速变化

第二节 长江经济带绿色发展指数评价

根据长江经济带高质量发展指数测算结果,本节对 2015—2020 年长江经济带 11 省市绿色发展指数得分进行分析。

一、绿色发展指数总体分析

绿色是长江经济带发展的主旋律。绿色发展指数得分均值呈明显上升趋势,由 2015 年的 111.72 持续增长至 2020 年的 115.71,6 年间指数得分均值为 113.3(图 3-17)。从增幅上来看,2016—2019 年绿色发展指数得分增幅不断提高,2018 年和 2019 年得分较上年分别上升 1.31 和 1.34 个点,2019 年增幅为 6 年内最高。受新型冠状病毒感染影响,2020 年长江经济带绿色发展指数得分增幅有所回落,较上年提高 0.84 个点。

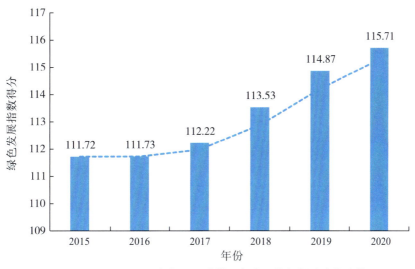

图 3-17　2015—2020 年长江经济带绿色发展指数得分变化趋势

二、上、中、下游地区比较分析

上、中、下游地区绿色发展指数均呈明显的上升趋势(图 3-18)。其中,下游地区绿色发展指数得分均值由 2015 年的 133.45 增长至 2020 年的 136.41,6 年间指数得分均值为 134.95,远高于中游和上游地区,且在长江经济带总体均值水平之上;中游地区绿色发展指数得分均值由 2015 年的 100.88 增长至 103.66,6 年间指数得分均值为 101.99,低于下游地区但高于上游地区,且在长江经济带总体均值水平之下;上游地区绿色发展指数得分均值由 2015 年的 98.11 增长至 104.04,6 年间指数得分均值为 100.12,低于下游、中游和总体均值。

从增幅变化趋势上来看(图 3-19),上游地区绿色发展指数得分均值增幅最高为 5.93,且处于下游、中游及长江经济带总体水平以上;中游地区绿色发展指数得分均值增幅最少,为 2.78,低于下游、上游及长江经济带总体;下游地区绿色发展指数得分增幅居中为 2.96,虽高于中游,但低于上游地区和长江经济带总体均值增幅。

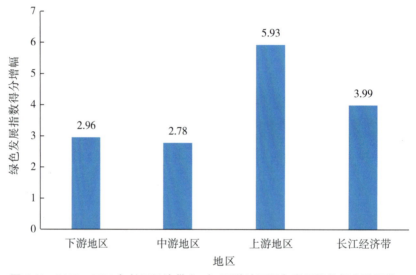

图 3-18　2015—2020 年长江经济带上、中、下游地区绿色发展指数得分变化情况

图 3-19　2015—2020 年长江经济带上、中、下游地区绿色发展指数得分增幅情况

　　从年均增长率变化趋势上来看(图 3-20),上游地区绿色发展指数得分均值年均增长率为 1.18%,在 3 个地区中最高,且位于长江经济带总体年均增长率之上;中游地区年均增长率居中,为 0.55%,同时低于上游和长江经济带总体年均增长率;下游地区年均增长率为 0.44%,居 3 个区域的末位,且低于长江经济带总体年均增长率。

　　总的来说,上游地区虽然在绿色发展指数得分基数上不占优势,但增幅和年均增长率却居 3 个区域中的首位,且处于长江经济带总体增幅和年均增长率水平之上;中游地区绿色发展指数得分均值和年均增长率均居 3 个区域中间,但增幅却排名最后,且低于长江经济带总体水平;下游地区绿色发展指数得分均值高于长江经济带总体均值,且居 3 个区域中的首位,但增幅和年均增长率均在长江经济带总体水平和上游地区之下。

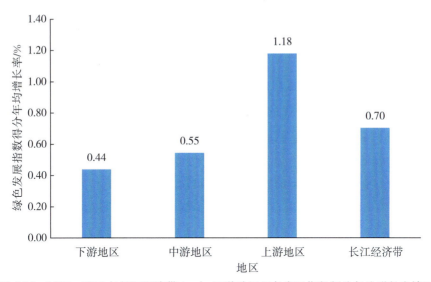

图 3-20　2015—2020 年长江经济带上、中、下游地区绿色发展指数得分年均增长率情况

三、11 省市比较分析

比较分析长江经济带 11 省市绿色发展指数得分(图 3-21)。上海绿色发展指数得分在样本年间持续排名第 1 位,得分从 2015 年的 188.02 增长为 2020 年的 195.24,增幅 7.22,年均增长率为 0.76%;江苏绿色发展 6 年来持续排名第 2 位,得分从 2015 年的 127.67 增长为 2020 年的 128,增幅 0.33,年均增长率为 0.05%;浙江绿色发展 6 年来持续排名第 3 位,得分从 2015 年的 115.4 增长为 2020 年的 119.99,增幅 4.59,年均增长率为 0.78%。安徽绿色发展 6 年来排名从第 4 位波动下降为第 9 位,得分从 2015 年的 102.72 增长为 2019 年的 104.28 后下降为 2020 年的 102.42,降幅 0.30,年均增长率为 −0.06%。

图 3-21　2015—2020 年长江经济带 11 省市绿色发展指数得分变化趋势

江西绿色发展指数 6 年来排名在 7～9 位之间波动,指数得分从 2015 年的 100.7 增长为 2020 年的 103.17,增幅 2.47,年均增长率为 0.48%。湖北绿色发展 6 年来波动较大,排名从第 6 位下降到第 8 位后又上升为第 5 位,2020 年再次下降至第 7 位,指数得分也从 2015 年的 101.19 增长为 2019 年的 105.2 后下降为 2020 年的 103.74,增幅 2.55,年均增长率为 0.5%。湖南绿色发展 6 年来排名在 6～9 位之间波动,指数得分从 2015 年的 100.74 增长为 2020 年的 104.08,增幅 3.34,年均增长率为 0.65%。

重庆绿色发展 6 年间排名在 4～6 位之间波动,指数得分从 2015 年的 102.62 上升至 2020 年的 108.59,增幅 5.97,年均增长率为 1.14%;四川绿色发展前 5 年排名一直在 11 位,2020 年上升 1 位后提高到第 10 位,指数得分由 2015 年的 95.23 上升至 2020 年的 97.36,增幅 2.13,年均增长率为 0.44%;贵州绿色发展 6 年间排名从第 10 位上升至第 4 位,指数得分也从 2015 年的 95.89 上升至 2020 年的 112.82,增幅 16.93,年均增长率为 3.31%;云南绿色发展 6 年间排名由第 9 位下降到第 10 位,指数得分从 2015 年的 98.71 下降至 2020 年的 97.4,增幅 -1.31,年均增长率为 -0.27%。

从增幅变化趋势上来看(图 3-22),贵州增幅最高,其次为上海,重庆增幅排名第 3 位,浙江增幅排名第 4 位,湖南、湖北和江西依次排名第 5、6、7 位,四川排名第 8 位,江苏排名第 9 位,安徽和云南增幅为负值,分别排名第 10 位和第 11 位。

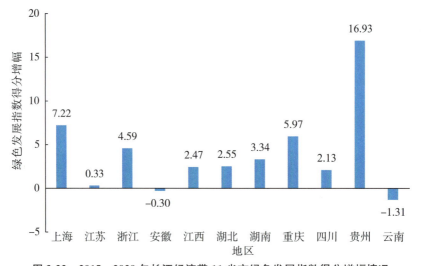

图 3-22 2015—2020 年长江经济带 11 省市绿色发展指数得分增幅情况

从年均增长率变化趋势上来看(图 3-23),贵州仍然是最高,重庆排名第 2 位,浙江和上海依次排名第 3 位和第 4 位,湖南、湖北和江西依次排名第 5、6、7 位,四川排名第 8 位,江苏排名第 9 位,安徽和云南年均增长率为负值,分别排名第 10 位和第 11 位。

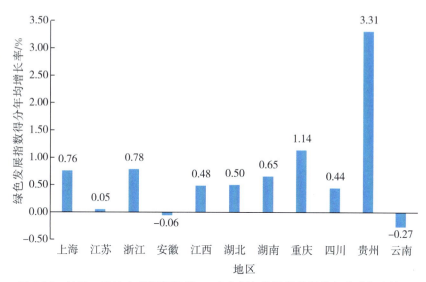

图 3-23　2015—2020 年长江经济带 11 省市绿色发展指数得分年均增长率情况

　　总体来说,上海、江苏和浙江绿色发展指数得分均值一直处于前 3 位,但在增幅和年均增长率上并未保持这种优势,尤其是江苏增幅和年均增长率均排名第 9 位。安徽绿色发展指数得分下降趋势明显,增幅和年均增长率均为负值。湖南、湖北和江西 3 省绿色发展相对稳定。重庆绿色发展指数得分均值处于 11 省市中下游水平,但增幅和年均增长率却排名第 3 位和第 2 位。四川绿色发展形势不容乐观,不仅其指数得分均值为 11 省市中最低,6 年间增幅和年均增长率也都比较落后,排名第 8 位。贵州绿色发展指数得分均值虽低,但增幅和年均增长率却是 11 省市中最高,而云南不仅绿色发展指数得分均值低,增速和年均增长率也均为 11 省市最低。

第三节　推进长江经济带绿色发展的对策建议

　　贯彻落实新时期长江经济带生态优先、绿色发展战略方针,推进长江生态环境系统保护修复,不断提高资源综合利用效率,建立健全绿色发展体制机制,加快形成绿色发展方式,建设人与自然和谐共生的美丽经济带。

一、推进长江系统保护修复

　　一是全力保护修复生态功能。贯彻落实《深入打好长江保护修复攻坚战行动方案》,全面实施生态环境分区管控,严格按照优先保护标准开展对森林、灌丛、草地、沼泽等自然保护地的保护,对重点管控和一般管控单元,注重产业生态问题的防控,不断完善长江经济带生态安全战略格局。

　　二是推进流域水生态保护修复。坚持问题导向,突出"源头严控",严格落实长江经济带负面清单,强化对产业发展、区域开发、岸线利用的分类管控,深入推进长江流域"十年禁渔"、美丽河湖、污水零直排区等建设,系统提升水生态质量,巩固长江禁捕成果,加强长江重要支流和重要湖泊保护修复。

三是推进污染协同治理。促进环境整治巡查回访常态化,持续巩固"蓝天碧水净土"成果,不断加码施策准度和治理力度,继续推进污染物排放、工业园区、农业农村面源污染等重点整治专项行动。大力实施污染治理"4+1"工程,加强入河排污口整治,强化"三磷"整治和"锰三角"污染治理。

四是加强长江经济带区域生态环境共保联治。充分吸收长三角生态绿色一体化发展经验,共同建立长效的长江经济带生态环境保护协作小组,在推进"双碳"战略、推进污染防治攻坚、统筹水生态修复、解决跨区域污染防治难题、拓展合作领域空间等方面协同推进上、中、下游区域绿色发展。

二、提高资源综合利用效率

一是强化节能减排。推进有色及黑色金属冶炼、建材、化工等高耗能行业绿色化改造,加大煤矿企业重组整合和煤矿机械化智能化改造,推广应用高效节能产品。实行资源总量管理和全面节约制度,强化年度节能目标责任考核,落实能源差别化有偿使用制度,鼓励用能单位参与用能权交易市场建设。

二是完善碳交易市场体系。以武汉市"中国碳排放权注册登记系统"建设及运维、上海市碳排放交易中心建设为契机,加快长江经济带建设全国碳资产大数据中枢,以碳减排分配履约等业务数据需求分析为支撑,突破碳市场覆盖面局限性,将碳交易市场工业行业拓展到更广泛领域;建立完善碳配额总量设定和分配机制,做好碳配额互认;基于碳交易经验,发挥碳交易试点示范作用,强化长江经济带统计核算等基础工作,探索碳排放监测的长江经济带经验。

三是健全资源循环利用体系。加快发展资源循环利用产业,以工业废弃物、建筑废弃物和废旧电池等固体废弃物为重点,强化公共基础设施和平台建设。完善"互联网+回收"体系,提升回收网络的智能化、自动化水平,推动各环节管理及标准的制定和衔接,形成有效的回收标准体系和质量检测体系。

四是加快推动绿色转型发展。推动经济、能源、产业等绿色低碳转型,通过技术创新,产业转型升级,大幅度改善工业污染状况,减轻工业污染对环境的直接影响。完善综合交通运输体系,坚决遏制"两高"低水平项目盲目发展。对于钢铁、煤炭、水泥、化工等污染比较严重的行业,严格进行高质量的污染治理,真正做到高标准达标排放。

三、完善绿色发展体制机制

一是加快建立生态产品价值实现机制。研究制定建立生态产品价值实现的实施方案,探索建立自然资源资产统计制度,加快开展自然资源定性、定量评估工作,推进自然资源统一确权登记试点建设,启动自然资源资产负债表编制,完善自然资源有偿使用制度。

二是积极探索建立生态补偿机制。围绕重点流域生态环境,持续完善落实横向生态补偿等制度,推动落实与上下游地区的互动协作,增强各项举措的关联性和耦合性。

三是推动绿色发展法治化。全面落实《中华人民共和国长江保护法》,严格执行负面清单管理制度,强化政府部门执法硬约束,完善地方政府的绿色善治行为,落实监督考核问责机制,建立长江流域水生态考核机制。加强绿色法治文化建设,推动全民守法,营造全社会推动长江经济带发展的良好氛围,以法律的引导和规范保障长江经济带绿色发展。

第四章 长江经济带创新驱动发展报告

长江经济带创新要素汇集、创新主体活跃，是我国经济重心所在、活力所在，在科技强国建设、现代化产业体系建设中占据重要地位。学习贯彻习近平总书记关于科技创新重要论述，本部分从创新环境、创新投入、创新产出和创新成效现状出发，对长江经济带创新驱动指数、创新驱动发展举措和创新发展对策进行详细分析。

第一节 长江经济带创新驱动发展现状分析

近年来，长江经济带 11 省市深入实施创新驱动发展战略，大力推进科技创新，持续加强基础研究，夯实科技自立自强根基，一批重大科技创新成果涌现，关键核心技术攻关取得重要进展，载人航天、火星探测、资源勘探、能源工程等领域实现新突破，国家战略科技力量加快壮大，企业创新主体地位持续增强，新动能培育加速推进。

一、创新环境分析

选取每十万人高等学校在校学生人数、财政科技支出占地方一般公共预算支出两个主要指标反映长江经济带创新驱动发展所具备的人力资源、财政科技支出等基础条件和环境。

每十万人高等学校在校学生人数反映了地区潜在创新人力资源情况。从数据来看（图 4-1），上海每十万人高等学校在校学生人数为 3722 人，位居长江经济带 11 省市第 1 位。上海普通高校共有 64 所，其中有 39 所是本科院校，占比超过 60％。上海正加快构建更具竞争力的人才集聚制度，特别是加大海外人才和高层次人才引进培养力度，深入探索更加灵活的人才管理机制，丰富的高校资源和积极的人才政策，为上海创新驱动提供了高层次的人力资源。江苏、湖北、重庆分别位居第 2 位、第 3 位和第 4 位。

政府财政科技支出对全社会创新投入和创新活动的开展具有带动和导向作用，财政科技支出占地方一般公共预算支出的比重反映政府对创新的直接投入力度以及对重点、关键和前沿领域的规划和引导作用。2020 年，全国财政科学技术支出占地方一般公共预算支出的比重为 2.76％。上海财政科技支出占比为 5.01％，高于全国平均水平，位居长江经济带各省市第 1 位（图 4-2）。安徽财政科技支出占比为 4.95％，位居第 2 位。安徽深化财政科技体制机制改革，完善省级财政科研经费管理，把有限的财政资源向重大创新平台集聚，支持"揭榜挂帅"科技攻关。除了围绕打造科技创新策源地，安徽还坚持综合施策加大投入，在围绕打造新兴产业聚集地,坚持市场机制引导撬动方面,积极研究新兴产业引导基金组建方案,支持打造多层次资本市场体系。

图 4-1　2020 年长江经济带各省市每十万人高等学校在校学生人数

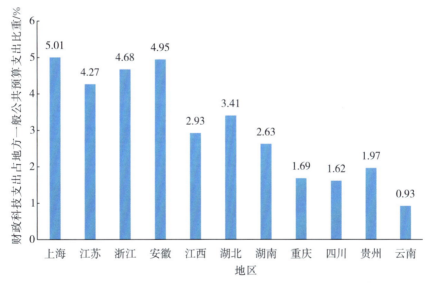

图 4-2　2020 年长江经济带各省市政府财政科技支出占地方一般公共预算支出的比重

　　浙江财政科技支出占地方一般公共预算支出比重为 4.68%,位居第 3 位。而江苏、湖北紧随其后。整体来看,长江下游省市财政科技支出占地方一般公共预算支出比重较高,长江中游的湖北和江西对科技创新的财政支持力度较大,而长江上游的四川和云南财政支持力度偏小。

二、创新投入分析

长江经济带 11 省市创新投入力度不断加大,对新动能的培育和壮大发挥了重要支撑作用。研发人员占比、规模以上工业企业技术改造经费支出比重、规模以上工业企业 R&D 项目数等指标总体上呈现增长态势。

研发人员占比反映创新活动人力的投入规模和强度。2015—2020 年长江经济带 11 省市研发人员占比逐年上升(图 4-3、图 4-4),浙江增长最快,为 0.24 个百分点,上海次之,为 0.21 个百分点。2020 年上海、浙江、江苏研发人员占比分别为 0.9189%、0.9013%、0.7893%,分别位居长江经济带第 1 位、第 2 位和第 3 位。这说明长江下游地区创新活动的人力投入强度较大。长江中、上游地区的湖北、江西和重庆研发人员占比分别为 0.3345%、0.2751% 和 0.3294%,位居第 4 位、第 7 位和第 6 位。

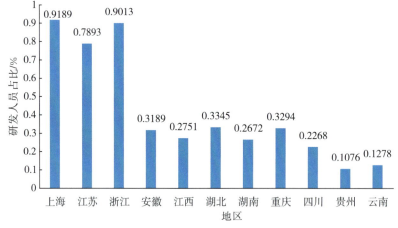

图 4-3 2020 年长江经济带 11 省市研发人员占比

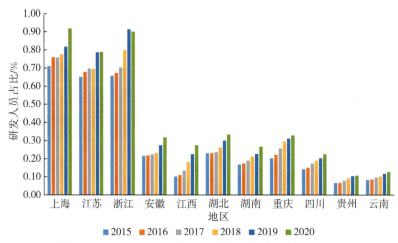

图 4-4 2015—2020 年长江经济带 11 省市研发人员占比

规模以上工业企业技术改造经费支出比重表明在坚持科技进步的前提下,将科技成果应用于生产的各个领域(产品、设备、工艺等),实现以内涵为主的扩大再生产,从而提高产品质量、促进产品更新换代、节约能源、降低消耗,全面提高综合经济效益的能力。2015—2020年,上海规模以上工业企业技术改造经费支出比重呈现逐年上升的趋势,江苏、湖南逐年下降,江西、湖北、重庆、四川、贵州、云南呈现先下降后上升的趋势(图4-5、图4-6)。2020年,安徽规模以上工业企业技术改造经费支出比重为0.5963%,位居第1位。上海、云南、贵州紧随其后,占比分别为0.4915%、0.4351%、0.4202%。

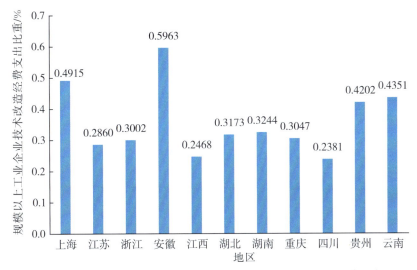

图 4-5　2020 年长江经济带 11 省市规模以上工业企业技术改造经费支出比重

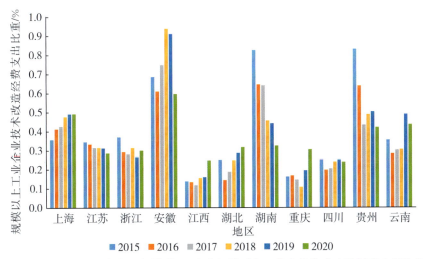

图 4-6　2015—2020 年长江经济带 11 省市规模以上工业企业技术改造经费支出比重

企业是创新活动的主体,规模以上工业企业 R&D 项目数反映企业开展创新活动的投入程度。2015—2020 年,从总体来看,各省市呈现逐年上升的趋势,但是省市间差距明显,长江下游明显优于长江中、上游地区(图 4-7、图 4-8)。江苏、浙江规模以上工业企业 R&D项目数规模远大于其他省市,2020 年浙江规模以上工业企业 R&D 项目数为 118007 项,江苏规模以上工业企业 R&D 项目数为 103567 项,第 3 位的安徽规模以上工业企业 R&D 项目数为 29928 项,与江苏、浙江差距较大,这说明长江下游地区工业企业创新意识和自主创新能力较强。湖南规模以上工业企业 R&D 项目数为 25510 项,位列第 4 位。长江中、上游地区的江西、四川和湖北工业企业 R&D 项目数分别为 23056 项、22242 项和 20626 项,位居第 5 位、第 6 位和第 7 位。此外,2015—2020 年江西的规模以上工业企业 R&D 项目数增长幅度较大,为 423.64%。

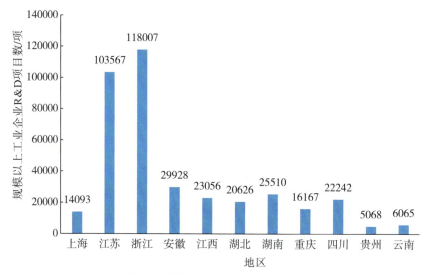

图 4-7　2020 年长江经济带 11 省市规模以上工业企业 R&D 项目数

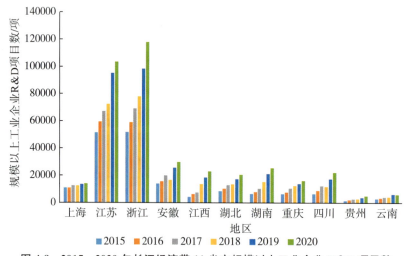

图 4-8　2015—2020 年长江经济带 11 省市规模以上工业企业 R&D 项目数

研发支出对全社会创新投入和创新活动的开展具有带动和导向作用,研发支出占地区生产总值的比重反映出各省市对创新的直接投入力度以及对重点、关键和前沿领域的规划和引导作用。2020 年上海研发支出占地区生产总值的比重为 4.17％,高于全国平均水平 2.36％,位居长江经济带各省市第 1 位。江苏研发支出占地区生产总值的比重为 2.93％,位居第 2 位,浙江、湖北、安徽紧随其后(图 4-9)。

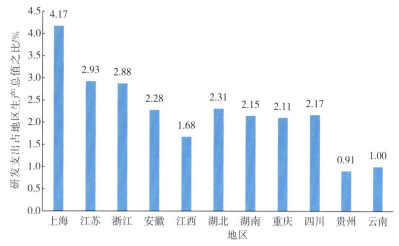

图 4-9　2020 年长江经济带 11 省市研发支出占地区生产总值之比

2015—2020 年,长江经济带 11 省市研发支出占比大部分呈现逐年递增的趋势(图 4-10),研发支出占地区生产总值的比重增加幅度较大是湖南、江西、重庆等地区,表明长江中、上游地区正积极加大研发投入,在研发设计、技术转移、知识产权、检验检测等领域取得进步,但要缩小与下游地区的差距还需较长时间。整体来看,长江下游省市研发支出占地区生产总值的比重较高,长江中游的湖北和湖南对创新驱动的资金支持力度较大,而长江上游的贵州和云南资金支持力度偏低。

图 4-10　2015—2020 年长江经济带 11 省市研发支出占地区生产总值之比

三、创新产出分析

通过高科技人才、资金和项目等资源要素投入将激发出一系列有助于经济社会转型升级的新技术、新动能。选取万人专利授权数与申请数之比和科技企业孵化器内企业总数来进行具体阐述和分析。

专利授权数是创新活动中间产出的重要成果形式，每万人专利授权数与申请数之比是反映地区科技产出水平和效率的重要指标。长江经济带加大研发投入力度，创新成果显著增加。从数据上看（图4-11、图4-12），2015—2020年长江经济带11省市之间的每万人专利授权数与申请数之比差距不大，2020年浙江、江西、贵州位居前三位，3省的万人专利授权数与申请数之比分别为0.7725％、0.7312％、0.7108％。这表明在专利授权数与申请数这方面，长江经济带上、中、下游的差别不大，发展较为均衡。

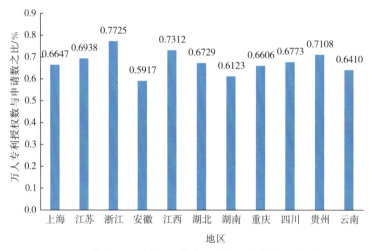

图 4-11　2020 年长江经济带 11 省市万人专利授权数与申请数之比

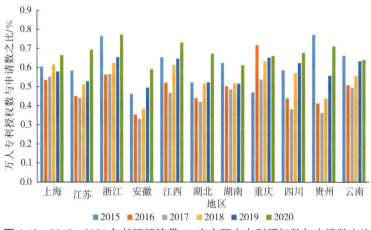

图 4-12　2015—2020 年长江经济带 11 省市万人专利授权数与申请数之比

2020 年科技企业孵化器内企业总数江苏最多，有 46118 个，浙江位居第 2 位，有 23511 个（图 4-13）。2015—2020 年长三角地区科技企业孵化器内企业数最多，长三角地区注重基础研究，不断加强创新载体建设，创新生态不断优化，为创新能力提升奠定了坚实的基础。2015—2020 年，长江经济带 11 省市科技企业孵化器内企业总数增长较快，其中江西增长速度最快，为 389.76%，湖北、湖南次之，分别为 382.1%、333.8%，由此可以看出长江中游地区创新能力逐渐增强。

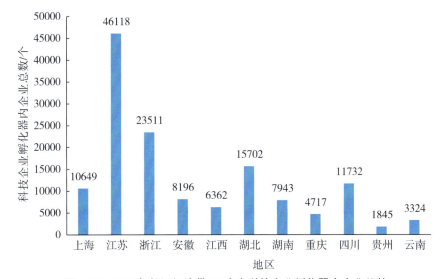

图 4-13　2020 年长江经济带 11 省市科技企业孵化器内企业总数

四、创新成效分析

创新驱动成效从产品结构调整、科技成果转化、经济增长等方面反映创新对经济社会发展的影响，从规模以上工业企业新产品销售收入占比、技术合同成交额与地区生产总值之比两个指标分析长江经济带创新驱动成效。

规模以上工业企业新产品销售收入占比反映创新对产品结构调整的效果。2015—2020 年，长江经济带大部分省市的规模以上工业企业新产品销售收入占比呈现逐年递增的趋势（图 4-14），其中，安徽增加了 16.21 个百分点，江苏次之，增加了 14.84 个百分点，江西、湖北增长也超过了 10 个百分点。2020 年浙江规模以上工业企业新产品销售收入占比为 36%，位居第 1 位（图 4-15）。江苏为 31.47%，位居第 2 位。安徽为 31.27%，居第 3 位。值得关注的是，重庆规模以上工业企业新产品销售收入占比达到 25.51%，与上海十分相近。而长江中游的湖北，规模以上工业企业新产品销售收入占比为 23.45%，这说明长江中、上游的重庆和湖北在新旧动能转换和产品结构调整方面取得实效。

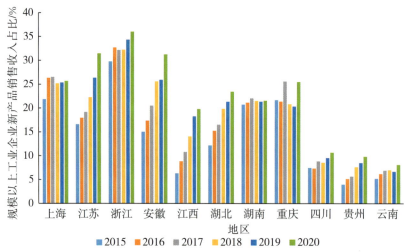

图 4-14　2015—2020 年长江经济带 11 省市规模以上工业企业新产品销售收入占比

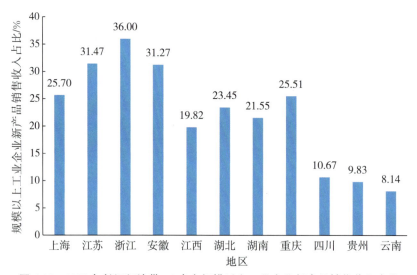

图 4-15　2020 年长江经济带 11 省市规模以上工业企业新产品销售收入占比

技术合同成交额与地区生产总值之比反映技术转移和科技成果转化水平。2015—2020年,长江经济带大部分省市的技术合同成交额与地区生产总值之比呈现逐年递增的趋势(图 4-16),其中浙江增加了 1.94 个百分点,四川增加了 1.64 个百分点。2020 年,上海技术合同成交额与地区生产总值之比为 4.06％,位居第 1 位(图 4-17)。

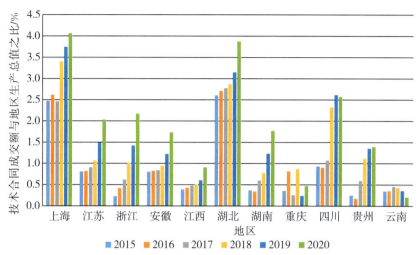

图 4-16　2015—2020 年长江经济带 11 省市技术合同成交额与地区生产总值之比

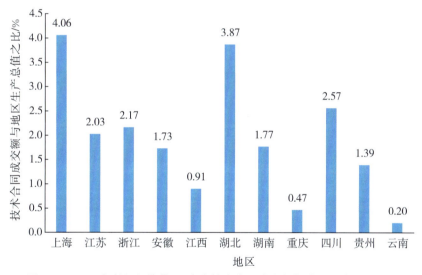

图 4-17　2020 年长江经济带 11 省市技术合同成交额与地区生产总值之比

湖北技术合同成交额与地区生产总值之比为 3.87%,位居第 2 位。近年来,湖北持续开展"联百校 转千果"科惠行动、"鄂来拍""鄂来揭"等科技成果转化对接活动,着力加强技术转移服务体系建设,积极探索科技成果评价机制改革,提升科技成果对接服务能力,引导技术要素市场体制机制创新,推动技术市场交易实现提质增效。湖北 2021 年共登记技术合同 54513 项,成交额 2111.63 亿元,分别比上年增长 37.14% 和 25.17%,位居全国第 7 位,中部第 1 位。

四川技术合同成交额与地区生产总值之比为 2.57%,位居第 3 位。四川着力发挥市场在创新资源优化配置、高质量科技成果供给、高水平科技成果转化中的决定性作用,技术市场主体交易活跃,技术转移效率显著提升,2021 年共登记技术合同 48271 项,成交金额

2564.92亿元,历史首次突破2500亿元,同比增长31.27%。

第二节 长江经济带创新驱动发展指数评价

一、长江经济带创新驱动发展总体指数

根据指数测算结果,2015—2020年长江经济带和上、中、下游地区创新驱动发展指数见表4-1。

表 4-1　　　　　2015—2020年长江经济带和上、中、下游地区创新驱动发展指数均值

区域	2015 年	2016 年	2017 年	2018 年	2019 年	2020 年
下游地区	155.80	166.70	176.89	191.39	212.33	231.16
中游地区	107.58	111.15	119.80	127.98	138.95	154.36
上游地区	92.69	95.51	98.91	109.62	113.78	118.19
长江经济带	119.70	125.66	132.97	144.36	156.48	169.13

2015—2020年长江经济带以及上、中、下游各地区的创新驱动发展指数均呈现上升态势(图4-18),创新驱动发展指数均值从2015年的119.7上升到2020年的169.13,增幅为49.43,增长41.29%。上、中、下游地区的创新驱动发展指数均值均有不同程度的增长,增长率分别为27.51%、43.48%、48.37%。其中下游地区创新驱动发展指数最高,2020年其数值比长江经济带均值高62.03;中游地区创新驱动发展指数居中,其数值低于长江经济带总体均值;上游地区创新驱动发展指数最低,其数值不仅低于中、下游地区,也低于长江经济带总体均值,且其增长率也为最低。

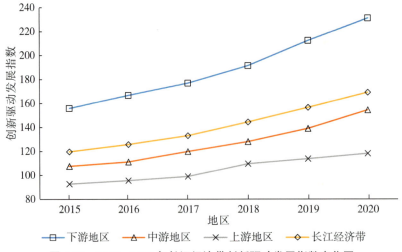

图 4-18　2015—2020年长江经济带创新驱动发展指数变化图

　　结合前文创新驱动投入分析来看,2020 年在研发人员占比、研发支出与地区生产总值之比这两项指标中,江苏、浙江、上海排名前 3 位,创新驱动投入在长江经济带中突出,这与长江下游地区科研企业活跃、高校云集、科研院所众多的科教优势密不可分。湖北、重庆作为长江中游、长江上游创新能力突出的省份,规模以上工业企业技术改造经费支出比重等方面较为突出。

　　从长江经济带创新驱动产出与成效指标来看(表 4-2),规模以上工业企业新产品销售收入占比、科技企业孵化器内企业总数两项中,江苏、浙江位居前两名,上海在技术合同成交额与地区生产总值之比中位居第 1 位,总的来说,长江下游江苏、浙江、上海的创新产出与成效都明显远高于中、上游地区,表明长江下游地区创新实力较强,在创新能力方面具有明显优势。而从技术合同成交额与地区生产总值之比来看,上海位列第 1 位,湖北紧随其后,四川位居第 3,表明在创新成效方面中、上游地区正在积极发力。

表 4-2　　　　　　　　　　　　2020 年长江经济带创新驱动产出与成效指标

地区	规模以上工业企业新产品销售收入占比/%	科技企业孵化器内企业总数/个	万人专利授权数与申请数之比/%	技术合同成交额与地区生产总值之比/%
上海	25.70	10649	0.6647	4.06
江苏	31.47	46118	0.6938	2.03
浙江	36.00	23511	0.7725	2.17
安徽	31.27	8196	0.5917	1.73
江西	19.82	6362	0.7312	0.91
湖北	23.45	15702	0.6729	3.87
湖南	21.55	7943	0.6123	1.77
重庆	25.51	4717	0.6606	0.47
四川	10.67	11732	0.6773	2.57
贵州	9.83	1845	0.7108	1.39
云南	8.14	3324	0.6410	0.20

二、长江上游创新驱动发展指数

　　2015—2020 年上游地区各省市创新驱动指数整体上呈现上升态势(表 4-3、图 4-19),重庆、四川、贵州、云南增长率分别为 24.49%、49.64%、22.84%、8.57%。2020 年上游地区各省市创新驱动发展指数得分为 91.58～155.10,排名在第 6 位至第 11 位之间,在长江经济带位次偏后。2015—2020 年,重庆、四川、贵州排名均下降一个位次。

表 4-3　　　　　2015—2020 年上游各省市创新驱动发展指数得分和排名情况

省市	2015 年	排位	2016 年	排位	2017 年	排位	2018 年	排位	2019 年	排位	2020 年	排位	均值
重庆	96.14	8	108.24	6	104.02	8	115.14	8	109.41	9	119.69	9	115.27
四川	103.65	7	107.43	7	116.54	6	137.35	5	148.73	5	155.10	6	133.13
贵州	86.60	9	82.30	11	87.21	11	97.51	10	103.98	10	106.38	10	102.50
云南	84.35	11	84.07	10	87.88	10	88.47	11	93.02	11	91.58	11	97.06

图 4-19　2015—2020 年长江经济带上游 4 省市创新驱动发展指数发展变化

(一)重庆

2015—2020 年重庆创新驱动发展指数排名下降,从第 8 位下降到第 9 位,主要是科技企业孵化器内企业总数以及技术合同成交额与地区生产总值之比的相对减少引起的。2020 年重庆市科技企业孵化器内企业总数为 4717 个,尽管保持了逐年升高的状态,但在长江经济带各个省市中增长依然较少。技术合同成交额与地区生产总值之比也相对较少,只有 0.47%。

(二)四川

2020 年四川创新驱动发展指数得分为 155.1,排名相比 2015 年上升一位,居长江上游地区第 1 位。四川排名上升主要是科技企业孵化器内企业总数、万人专利申请授权数与申请数之比、技术合同成交额与地区生产总值之比的上升引起的。2020 年四川科技企业孵化器内企业总数为 11732 个,在长江经济带 11 省市中排名靠前,高于长江上游的其他省市;万人专利申请授权数与申请数之比为 0.6773%,在长江经济带 11 省市中排名第 5 位,在长江上游地区仅次于贵州;技术合同成交额与地区生产总值之比为 2.57,比 2015 年升高了 1.64 个百分点,在长江经济带中排名第 3 位,远高于长江上游地区。

(三)贵州

2020 年贵州创新驱动发展指数得分为 106.38,排名相比 2015 年下降一位,居长江经济带第 10 位。贵州排名下降主要是科技企业孵化器内企业总数、研发人员占比、研发支出与地区生产总值之比、规模以上工业企业 R&D 项目数的下降引起的。贵州 2020 年科技企业孵化器内企业总数为 1845 个，研发人员占比 0.11％，研发支出与地区生产总值之比为 0.91％，规模以上工业企业 R&D 项目数为 5068 个，虽然相较于 2015 年这些指标数据均有上升，但是数值仍然偏低，在 2020 年这些指标数据在长江经济带排名均位于末位，与其他省市有较大差距。

（四）云南

2020 年云南创新驱动发展指数得分为 91.58，在上游地区排第 4 位，在长江经济带排名第 11 位，与之前年份相比排名没有变化，整体上分值偏低。云南排名靠后主要是除规模以上工业企业技术改造经费支出比重外的其他指标数据均偏低造成的。2020 年云南规模以上工业企业新产品销售收入占比为 8.14％，比 2015 年增加了 2.92 个百分点，但是其增长幅度以及基础占比在长江经济带 11 省市中均为最低；科技企业孵化器内企业总数 2020 年为 3324 个，比 2015 年增加了 2127 个，增长率为 177.69％，仅高于贵州；研发人员占比为 0.1278％，比 2015 年增长了 0.04 个百分点，但其比率仍然比较低；研发支出与地区生产总值之比为 1％，万人专利授权数与申请数之比为 0.641％，技术合同成交额与地区生产总值之比为 0.2％，规模以上工业企业 R&D 项目数为 6065 个，虽然相比于 2015 年上升，但仍然远低于长江经济带其他省市。

三、长江中游创新驱动发展指数

2015—2020 年中游地区各省市创新驱动发展指数整体上呈现上升态势（表 4-4、图 4-20）。

江西创新驱动发展指数从 2015 年的 85.17 增长到 2020 年的 128.08，湖北从 2015 年的 133.27 增长到 2020 年的 188.43，湖南从 2015 年的 104.31 增长到 2020 年的 146.58，江西、湖北、湖南分别增长 50.38％、41.39％、40.52％。2020 年中游地区 3 省创新驱动发展指数得分在 128.08～188.43 之间，湖北排名比较靠前，在长江经济带排第 4 位，湖南、江西排名为第 7 位、第 8 位。其中，湖北排名一直稳定在第 4 位，江西排名上升 2 个位次，湖南排名下降 1 个位次。

表 4-4　　　　　2015—2020 年中游各省市创新驱动发展指数得分和排名情况

省市	2015 年	排位	2016 年	排位	2017 年	排位	2018 年	排位	2019 年	排位	2020 年	排位	均值
江西	85.17	10	89.04	9	93.68	9	104.46	9	114.69	8	128.08	8	110.02
湖北	133.27	4	138.68	4	151.05	4	158.54	4	169.02	4	188.43	4	159.83
湖南	104.31	6	105.72	8	114.67	7	120.94	7	133.14	7	146.58	7	126.73

图 4-20　2015—2020 年长江中游三省创新驱动发展指数变化

(一)江西

2020 年,江西创新驱动发展指数得分为 128.08,在长江经济带排名第 8 位,相比 2015 年上升了 2 位。江西排名上升主要在于其万人专利授权数与申请数之比和规模以上工业企业 R&D 项目数上升,2020 年江西万人专利授权数与申请数之比为 0.7312%,仅次于浙江,比 2015 年上升了 0.08 个点;规模以上工业企业 R&D 项目数为 23056 项,比 2015 年增加了 18653 项,增长率为 423.64%,是长江经济带各省市中增长幅度最大的。

(二)湖北

2020 年湖北创新驱动发展指数为 188.43,在长江经济带排名第 4 位,与 2015 年相比排名没有变化。主要得益于近年来湖北企业作为创新主体的地位更加突出,创新平台和载体数量不断提升,高新技术产业发展加快以及创新能力进一步增加。2020 年湖北科技企业孵化器内企业总数为 15702 个,研发人员占比为 0.3345%,研发支出与地区生产总值之比为 2.31%,在长江经济带 11 省市中数值均较低;技术合同成交额与地区生产总值之比为 3.87%,在长江经济带各省市中较高。

(三)湖南

2020 年湖南创新驱动发展指数得分为 146.58,排名相对 2015 年下降 1 位,居长江经济带第 7 位。其中研发人员占比和万人专利授权数与申请数之比排名靠后。2020 年研发人员占比为 0.2672%,排名比较靠后,在长江中游地区排在最后;万人专利授权数和申请数之比为 0.6123%,相比于 2015 年下降了 0.01 个百分点,在长江经济带中仅高于安徽。

四、长江下游创新驱动发展指数

2015—2020 年下游地区各省市创新驱动发展指数整体上呈上升态势(表 4-5、图 4-21)。

表 4-5　　　　　　　　2015—2020 年下游各省市创新驱动发展指数得分和排名情况

省市	2015 年	排位	2016 年	排位	2017 年	排位	2018 年	排位	2019 年	排位	2020 年	排位	均值
上海	163.38	2	173.49	3	175.00	3	191.90	3	199.88	3	208.85	3	187.75
江苏	183.69	1	200.07	1	213.30	1	227.07	1	261.21	1	284.29	1	229.10
浙江	160.36	3	174.14	2	191.80	2	214.33	2	242.21	2	272.94	2	211.13
安徽	115.78	5	119.11	5	127.47	5	132.25	6	146.03	6	158.56	5	137.70

图 4-21　2015—2020 年长江下游三省一市创新驱动发展指数变化

上海创新驱动发展指数从 2015 年的 163.38 增长到 2020 年的 208.85,增幅 45.47 个点;江苏从 2015 年的 183.69 增长到 2020 年的 284.29,增幅 100.6 个点;浙江从 2015 年的 160.36 增长到 2020 年的 272.94,增幅 112.58 个点;安徽从 2015 年的 115.78 增长到 2020 年的 158.56,增幅 42.78 个点;上海、江苏、浙江、安徽创新驱动发展指数增长率依次为 27.83%、54.77%、70.2%、36.95%。2015—2020 年,从创新驱动发展指数来看,下游地区上海、江苏、浙江分值较高,相差不大,安徽与 3 省市相比有一定的差距;从创新驱动发展指数排名来看,下游地区整体在长江经济带处于领先水平,上海、江苏、浙江稳居前三名,安徽排名相对稳定在第 5 位。

（一）上海

2020 年上海创新驱动发展指数为 208.85,在长江经济带排名第 3 位,与 2015 年相比排名下降 1 位,但在 2016 年之后一直保持第 3 位,排名相对稳定。上海排名靠前在于其创新能力较强、基础相对较好。2020 年上海研发人员占比为 0.9189%,研发支出与地区生产总值之比为 4.17%,技术合同成交额与地区生产总值之比为 4.06%,均在长江经济带各省市中排名最高;规模以上工业企业技术改造经费支出比重为 0.4915%,仅次于安徽。

(二)江苏

2020年江苏创新驱动发展指数为284.29,在长江经济带排名第1位,2015—2020年一直保持第1位。2020年江苏省科技企业孵化器内企业总数为46118个,相比较2015年增加了24421个,是长江经济带11省市中增速最快的;规模以上工业企业新产品销售收入占比为31.47%,比2015年增加了14.84个百分点;研发支出与地区生产总值之比为2.93%,仅次于上海;规模以上工业企业R&D项目数为103567项,仅次于浙江。

(三)浙江

2020年浙江创新驱动发展指数为272.94,在长江经济带排名第2位,排名相对稳定,相较于2015年上升1位。浙江省2020年规模以上工业企业新产品销售收入占比为36%、万人专利申请授权数与申请数之比为0.7725%、规模以上工业企业R&D项目数为118007项,均位于长江经济带第1位。科技企业孵化器内企业总数为23511个,仅次于江苏,研发人员占比为0.9013%,仅次于上海。

(四)安徽

2020年安徽创新驱动发展指数为158.56,在长江经济带排名第5位,2015—2020年中排名稍有波动,但保持相对稳定,主要在于其规模以上工业企业技术改造经费支出比重、规模以上工业企业新产品销售收入占比以及规模以上工业企业R&D项目数较高。2020年安徽省规模以上工业企业技术改造经费支出比重为0.5963%,位居长江经济带之首,且比重在2015—2020年均处于长江经济带排名高位;规模以上工业企业新产品销售收入占比为31.27%,仅次于浙江和江苏,相比较2015年增加了16.21个百分点,增长幅度为长江经济带各省市最大;规模以上工业企业R&D项目数为29928项,历年来都仅次于浙江和江苏,远高于长江经济带上、中游各省市。

第三节　长江经济带创新驱动发展举措

一、出台相关政策措施

(一)总体政策方案

从整体规划层面统筹推进创新发展是实施长江经济带创新驱动战略的首要任务,早在2016年,国家发展改革委、科技部、工业和信息化部联合印发了《长江经济带创新驱动产业转型升级方案》,明确指出:加快推动区域创新资源引进和整合,创建具有国际竞争力的创新资源集聚区,系统推进上海、安徽(合芜蚌)、武汉、四川(成德绵)的全面创新改革试验,推动上海加快建设具有全球影响力的科技创新中心,发挥长三角地区对长江经济带创新发展的龙头带动作用。

进入新时期,3次长江经济带发展座谈会均对创新驱动发展提出了新要求,习近平总书记在全面推动长江经济带发展座谈会上进一步指出:要勇于创新,坚持把经济发展的着力点放在实体经济上,围绕产业基础高级化、产业链现代化,发挥协同联动的整体优势,全面塑造创新驱动发展新优势。2021年出台的《"十四五"长江经济带发展实施方案》也充分体现了长江经济带创新驱动发展的新要求和新思路,将创新驱动作为"十四五"长江经济带发展中的重点任务之一,指出:发挥自主创新的核心驱动作用,推动人工智能、量子信息等前沿技术加快突破,全面推动制造业优化升级,推进产业基础高级化和产业链现代化,塑造创新驱动发展新优势。

(二)城市群实施方案

在长江经济带区域整体创新驱动政策的指导下,长江上、中、下游地区从城市群层面纷纷出台了一系列相关政策措施,积极推行创新驱动发展。

1. 上游地区

《成渝地区双城经济圈建设规划纲要》明确指出共建具有全国影响力的科技创新中心,并阐述了四大路径:

(1)建设成渝综合性科学中心。集聚优势创新资源,在四川天府新区布局建设电磁驱动聚变大科学装置等重大科技基础设施以及川藏铁路技术创新中心、西南天然药物与临床转化综合研究平台、成都超算中心、先进微处理器技术国家工程实验室等高能级创新平台。在重庆加快建设超瞬态实验装置等重大科技基础设施以及分布式天体雷达、卫星互联网等国家重点实验室。

(2)共建西部科学城。以"一城多园"模式高标准建设西部科学城,打造全国重要的科技创新和协同创新示范区。统筹成都高新区、天府国际生物城、未来科技城等资源,聚焦电子信息、航空航天、生命科学、智能制造等领域,建设西部(成都)科学城。

(3)提升协同创新能力。实施成渝科技创新合作计划,围绕新一代信息技术、人工智能、航空航天、资源环境、量子科技、生物医药、轨道交通、现代农业等领域,联合开展关键核心技术攻关。

(4)构建充满活力的创新生态。深入推进全面创新改革试验,深化职务科技成果所有权或长期使用权改革试点。健全创新激励政策体系,完善支持科技创新的财政金融服务体系,探索科研资金跨省市使用和重大科研项目揭榜制。以《成渝地区双城经济圈建设规划纲要》为统领,成渝地区还出台了《进一步支持科技创新加快建设成渝地区具有重要影响力的科技创新中心的若干政策》,其中从打造提升高质量创新平台、加快培育高成长创新主体、实施转化高赋能创新技术、培育引进高素质创新人才、融合催生高品质创新业态、推广应用高效能创新模式等6个方面提出了29条有利于科技创新的奖励与支持。

2. 中游地区

《长江中游城市群发展"十四五"实施方案》于2022年2月由国务院批复,明确了长江中游城市群创新发展的重点方向是打造具有核心竞争力的科技创新高地,即:发挥人才优势、科技优势和产业优势,依托武汉东湖、长株潭、鄱阳湖国家自主创新示范区,强化创新资源集成,努力在关键共性技术、产业链供应链安全重点领域形成突破,形成协同创新示范。该实施方案将产业转型升级与协同创新作为城市群创新发展的重要载体和突破口,提出联手打造先进制造业集群:充分发挥湘江新区、赣江新区及武汉东湖等国家级高新技术产业开发区、经济技术开发区、新型工业化产业示范基地引领作用,促进城市间产业协作,优化产业链区域布局,加快建设若干先进制造业集群。巩固提升电子信息、工程机械、轨道交通、汽车等优势产业集群,努力形成世界级产业集群。同时强调构建科技创新共同体:推进武汉东湖、长株潭、鄱阳湖国家自主创新示范区建设,培育和建设战略科技力量,提升区域创新能力。整合区域创新资源,鼓励科技基础设施和大型科研仪器设备开放共享,推动光谷科技创新大走廊、湘江西岸科技创新走廊、赣江两岸科创大走廊合作对接。

3.下游地区

长三角创新共同体建设走在长江经济带的前列,也是全国创新发展的核心区域,该地区创新发展政策推进较早,成效显著。2019年12月,中共中央、国务院印发了《长江三角洲区域一体化发展规划纲要》,该规划纲要明确指出:深入实施创新驱动发展战略,走"科创+产业"道路,促进创新链与产业链深度融合,以科创中心建设为引领,打造产业升级版和实体经济发展高地,不断提升在全球价值链中的位势,为高质量一体化发展注入强劲动能。以《长江三角洲区域一体化发展规划纲要》为统领,长三角加快创新发展步伐,相继出台了一系列更为具体的政策措施和行动方案。

2021年6月,推动长三角一体化发展领导小组办公室印发了《长三角一体化发展规划"十四五"实施方案》,其中着重阐述了从强化战略科技力量、加强产业分工协作、推进科创与产业融合发展、激发人才创新活力等方面加快构建协同创新产业体系。

2022年8月27日,在长三角科技创新共同体建设办公室第一次会议上,发布了3项政策文件:其中《长三角科技创新共同体联合攻关合作机制》明确,以"科创+产业"为引领,立足国家战略、坚持协同联动、积极先行先试,推动建立部省(市)协同的组织协调机制、产业创新融合的组织实施机制、绩效创新导向的成果评价机制、多元主体参与的资金投入机制;《三省一市共建长三角科技创新共同体行动方案(2022—2025年)》明确,以初步建成具有全球影响力的科技创新高地为目标,实施"五大行动",包括国家战略科技力量合力培育行动、产业链创新链深度融合协同推动行动、创新创业生态携手共建行动、全球创新网络协同构建行动以及协同创新治理体系一体化推进行动;《关于促进长三角科技创新券发展的实施意见》指出,力争2~3年,长三角科技创新券政策实现全域互联互通,同时还提出了分类推动、互联互通、提升长三角服务系统效能、建立服务保障体系等4项任务。

(三)各省市相关政策

近年来,长江经济带11省市积极行动出台了相关实施意见、条例、实施方案、行动计划等,内容涉及区域创新中心建设、科技体制改革、创新人才、创新助力产业转型升级等多方面(表 4-6)。

表 4-6　　　　　　长江经济带 11 省市创新驱动发展主要政策文件

省市	出台主要文件
上海	《上海市促进科技成果转化条例(2017)》《关于加快建设具有全球影响力的科技创新中心的意见(科创 22 条)》《关于进一步深化科技体制机制改革 增强科技创新中心策源能力的意见(科改 25 条,2019)》《上海市推进科技创新中心建设条例(2020)》《上海市促进科技成果转移转化行动方案(2021—2023)》《上海市营商环境创新试点实施方案(2021)》《上海市促进人工智能产业发展条例(2022)》《三省一市共建长三角科技创新共同体行动方案(2022—2025 年)》
江苏	《关于加快推进产业科技创新中心和创新型省份建设的若干政策措施(科技创新 40 条,2016)》《关于聚力创新深化改革打造具有国际竞争力人才发展环境的意见(人才新政 26 条,2017)》《关于深化科技体制机制改革推动高质量发展若干政策(科技改革 30 条,2018)》《江苏省"十四五"科技创新规划(2021)》《关于促进老字号创新发展的若干政策措施(江苏省商务厅等 8 部门出台,2022)》《江苏省人民代表大会常务委员会关于促进科技人才发展的决定(2022)》
浙江	《浙江省人民政府关于全面加快科技创新推动高质量发展的若干意见(科技新政 50 条,2018)》《科技惠企政策十条(2021)》《加强科技创新助力经济稳进提质的若干政策措施(2022)》《浙江省科技创新发展"十四五"规划》《推动高质量发展建设共同富裕示范区科技创新行动方案(2022)》
安徽	《安徽省人民政府关于印发支持科技创新若干政策的通知(2017)》《安徽省助企纾困政策清单(2022 年 5 月版,454 条)——科技创新支持政策(51 条)》《安徽省支持实体经济发展政策清单(2022 年 2 月版)——科技创新支持政策(61 条)》《安徽省"十四五"科技创新规划(2022)》《安徽省深化科技创新体制机制改革加快科技成果转化应用体系建设行动方案(2022)》
江西	《江西省科技创新促进条例(2018)》《江西省人民政府办公厅印发关于加快科技创新平台高质量发展十二条措施的通知(2018)》《江西省鼓励科技人员创新创业的若干规定(赣府发〔2016〕20 号)》《江西省"十四五"科技创新规划(2021)》《江西省人民政府办公厅关于进一步支持大学生创新创业的实施意见(2022)》《江西省自然资源厅科技创新项目管理办法(试行)(2022)》
湖北	《湖北省科技成果转化中介服务补贴管理办法(试行)》《湖北省自主创新促进条例》《湖北省高新技术发展条例(2019)》《湖北省科技创新"十四五"规划(2021)》《关于加强人才发展激励促进科技创新的若干措施(2021)》《中共湖北省委 湖北省人民政府关于加快推进科技强省建设的意见(鄂发〔2021〕20 号)》《关于完善科技成果评价机制的实施意见(2021)》《中国(湖北)自由贸易试验区武汉片区深化改革创新发展三年行动方案(2021)》《省科技厅关于加快推进科技创新助企纾困的若干措施(2022)》《湖北省科技创新券管理办法(试行)(2022)》《湖北省科技计划管理改革实施方案(2022)》

续表

省市	出台主要文件
湖南	《湖南省长株潭国家自主创新示范区条例(2020)》《湖南省科技体制改革三年行动计划(2021—2023)》《"三尖"创新人才工程实施方案(2022—2025)》《关于营造更好环境支持研发促进科技型企业增量提质的实施方案(2022—2025年)》《关于贯彻实施强省会战略支持长沙市科技创新高质量发展的若干措施(2022)》《精准服务企业科技政策(2022)》
重庆	《重庆市科技创新"十四五"规划(2021—2025年)》《重庆市基础研究行动计划(2021—2030年)》《支持科技创新若干财政金融政策》《重庆市科技创新促进条例(修订版2022)》《重庆市科技型中小企业创新发展行动计划(2022—2025年)》《重庆市人民政府办公厅关于进一步支持大学生创新创业的实施意见(2022)》
四川	《四川省激励科技人员创新创业十六条政策(2016)》《四川省深化科技奖励制度改革方案(2018)》《四川省促进科技成果转化条例(2018修订)》《四川省人民政府印发关于进一步支持科技创新的若干政策的通知(2021)》《中共四川省委关于深入推进创新驱动引领高质量发展的决定(2021)》《博士后创新人才支持项目(2021)》《科技助力"两稳一保"七条政策措施(2022)》
贵州	《贵州省科学技术奖励办法(修订版2018)》《贵州省科学技术奖励办法实施细则(修订版2018)》《贵州省人民政府关于推动创新创业高质量发展打造"双创"升级版的实施意见(2019)》《关于加强新时代贵州科协工作的措施(2022)》《贵州省"十四五"科技创新规划(2021)》《贵州省创业孵化示范基地质量提升实施方案(2022)》《关于完善科技成果评价机制的实施方案(2022)》《关于改革完善省级财政科研项目经费管理的实施意见(2022)》
云南	《创新驱动高质量发展29条措施(2021)》《云南省"十四五"科技创新规划(2021)》《云南省财政支持"十四五"科技创新若干措施(2022)》《云南省加快提升创新创业活力若干政策措施(2022)》《云南省进一步支持大学生创新创业若干措施(2022)》《云南省推进自由贸易试验区贸易投资便利化改革创新实施方案(2022)》

二、强化自主创新能力建设

科技自立自强是我国高质量发展的战略支撑,长江经济带始终坚持将强化自主创新能力作为创新驱动发展的重要支撑和内生动力。

(一)构建高水平创新平台

创新平台是创新发展的条件,对于汇集创新资源,提升创新能力具有重要基础性作用。近年来,长江经济带创新平台建设得到了较快发展,上海市着力建设具有全球影响力的科技创新中心,上海张江、安徽合肥成为综合性国家创新中心。长江中游城市群创新能力显著提升,成渝地区共建具有全国影响力的科技创新中心稳步推进。武汉和成渝建设具有全国影响力的科技创新中心。"长江科技创新走廊"的新蓝图呼之欲出。未来可进一步支持科技创新中心建设,根据不同地区的情况,加快建设国家实验室、国家工程研究中心、国家技术创新中心等重大创新平台,优化布局,提高长江经济带创新能力。

(二)发挥自主创新的核心驱动作用

习近平总书记在全面推动长江经济带发展座谈会上指出:勇于创新,加快突破一批关键核心技术,强化关键环节、关键领域、关键产品的保障能力。《"十四五"长江经济带发展实施方案》中亦明确指出:发挥自主创新的核心驱动作用,推动人工智能、量子信息等前沿技术加快突破。

(1)响应国家战略需求,掌握核心技术话语权。上海重大科技基础设施集群加快建设,已建和在建的国家重大科技基础设施达14个,全球规模最大、种类最全、综合能力最强的光子大科学设施群初现雏形。江苏省高起点培育重大科技基础设施,围绕纳米材料、网络信息等领域遴选重点培育项目,开展重大设施预研筹建,国家生物药技术创新中心、国家第三代半导体技术创新中心也成功获批,占全国总数的1/6。

(2)加强基础研究,自主创新突破关键技术。长江经济带高水平研究机构和研究型大学加快发展,上海先后启动建设李政道研究所、量子科学研究中心、脑科学与类脑研究中心等一批聚焦世界科技前沿的新型研发机构。在中科院上海分院、复旦大学、上海交通大学试点"基础研究特区"计划,加强基础前沿探索和关键技术突破。2022年9月武汉量子技术研究院正式运营,主要开展量子科学基础理论研究与核心关键技术攻关,研究方向包括量子探测与量子通信、量子精密测量等,推动量子工程示范应用和科技成果转化,目标用3～5年时间,建成量子国家实验室武汉分部,为高水平科技自立自强贡献力量。

总之,作为我国创新最为活跃的地区,长江经济带正积极聚集创新资源和条件,进一步明确不同区域创新重点,在原创性、引领型科技攻关中发挥着更为重要的作用,进一步充分发挥学科和人才优势,加强共享平台建设,不断提高重大科研平台和大型实验设施的运行效率、使用效率,将科技创新合作与国家重大科技创新布局结合起来。

三、推进创新链与产业链融合发展

国家创新中心城市、国家自主创新示范区、国家高新技术产业园区等构成的创新空间网络结构如不能与产业分工与产业空间布局相协同,将造成产业技术创新碎片化,从而不能实现产业集聚和协同创新。长江经济带积极推进优化产业链与创新链的交互作用,使技术、人才、资本等各种创新要素汇集融合,以制造业为重点推进产业链与科技创新的深度融合,提升创新系统和产业体系的整体效能。

(一)升级产业创新系统,推动技术产业化发展

产业创新系统的本质是把系统中企业、高校、科研院所,以及产业链上下游各个环节的创新活动联系起来,以技术创新为核心,推动产业内新技术或新知识的产生、流动、更新和转

化,促进企业创新能力的形成和产业竞争力的提升。长江经济带应加强产业技术创新支撑体系建设,特别是共性技术支撑体系,鼓励不同类型的创新主体建设产业技术研究机构,逐步建立"多模式、多渠道、多层次"的共性技术研发体系。当前长江经济带围绕国家级创新平台,开展关键核心技术研究和产业化应用示范,正积极探索建立一批适应新兴行业特点的新型产业研发机构。围绕重点产业领域,推进产业创新联盟基于技术标准和产业链合作开展标准化体系的研发创新,支持团体和联盟标准建设,促进创新成果的产业化。如上海、江苏、浙江、安徽于2021年联合建立集成电路、生物医药、人工智能、新能源汽车四个产业链联盟,旨在搭建政府企业间的交流沟通平台,联合开展重大课题研究,打造有全球竞争力和影响力的长三角产业链共同体。

(二)加快制造业优化升级,建设先进制造业产业集群

长江经济带具有传统产业与现代产业相互交织的特点,既聚集了大量石化、有色、建材、钢铁企业,又在集成电路、航空航天、交通装备、船舶与海洋工程、高端装备领域具有较好的基础。长江经济带推动制造业优化升级集中体现在两个方面:一方面加快提升传统产业的技术水平,按照智能化、绿色化的要求推动传统产业升级改造,提升产品品质和附加价值;另一方面充分发挥现代产业基础好的优势,强化企业创新主体地位,打造有国际竞争力的先进制造业集群。

长三角制造业一体化发展不断向纵深推进。长三角3省1市围绕重点产业成立产业链联盟,深化区域间产业链合作对接,一体化水平不断提升。长三角地区贡献了全国1/4的工业增加值,集成电路产业规模占全国60%,生物医药和人工智能产业规模均占全国1/3,新能源汽车产量占全国38%。长江中游地区先进制造业基地作用更加凸显,通过承接东部地区产业转移和加快培育新兴产业,特色优势产业实现跨越式发展,湖南、湖北、江西聚焦工程机械、智能语音、光电子信息、新材料等领域,加快培育形成一批国内领先水平的先进制造业集群。成渝地区加速成为西部地区制造业增长极。2021年,四川工业增加值增长到1.54万亿元,是2012年的1.6倍,年均增速达到8%;重庆工业发展量质齐升,规模以上工业利润由2012年的608亿元增加至2021年的1887.5亿元,全员劳动生产率由25.5万元/人提高至41.9万元/人。未来针对产业同构等问题,长江经济带要加强整体布局和上、中、下游区域协同,推动产业有序梯度转移,形成合理的区域分工。

第四节　推进长江经济带创新驱动发展的对策建议

长江经济带战略实施以来,沿线各省市大力实施创新驱动战略,加大创新投入,优化创新资源、提升创新效率,带动整个长江经济带创新动能迸发,创新主体、创新资源、创新环境发展水平均高于全国平均水平,但仍存在创新要素分布不均、区域创新能力不均衡、体制机

制壁垒等问题,影响长江经济带整体创新能力的提升。

一、进一步推动上、中、下游区域协同创新发展

一是上、中、下游地区应携手互动合作,在东部沿海地区日益实现经济增长与高科技产业快速发展趋势下,更应关注缩小中西部如贵州、云南、四川等少数民族欠发达地区与东部地区的经济发展差异;积极争取中央政府对中、上游地区的转移支付与创新投入。

二是推动整个流域创新资源共享、区际科技要素无阻碍流动与创新资源高效汇聚。

三是完善专利知识产权保护机制,加快培训高端科技创新人才。

四是建立跨区域协同合作机制,强化长江经济带区域协同创新平台建设,利用大数据、云计算、人工智能、智慧信息平台等构建紧密的区际创新网络,优化区域协同创新的制度环境,促进跨区域协同创新合作,提升协同创新效率。

二、推动创新链、产业链、资本链深度融合

一是积极培育现代产业体系。在科技创新的推动下,新一轮科技革命和产业变革正在加速发展,信息、生物、空天、能源等领域前沿技术和颠覆性技术正在由孕育逐渐走向与实体经济的融合,对人类生产生活方式产生着深远影响,产业生态面临重大调整,未来产业已成为衡量一个国家科技创新和综合实力的重要标志,全球经济格局也将迎来新的变化。长江经济带是我国主要的创新策源地和前沿技术研究基地,要根据科技创新的新趋势,结合长江经济带的战略定位,在进一步加强战略性新兴产业发展,切实提升产业质量的同时,加大对类脑智能、量子信息、基因技术、未来网络、深海空天开发、氢能与储能等前沿科技和产业变革领域的关注,充分把握科技革命和产业变革的机遇,积极谋划布局未来产业,强化在未来产业的引领作用。

二是携手产业合作,合力打造长江经济带世界级产业集群。由行业龙头企业、各地头部企业、国家战略科技力量牵头建立高新技术产业联盟,探索"联盟＋平台＋基金"的运作模式,推动创新链、产业链、资本链深度融合,打造协同创新驱动高质量发展体系。

三、进一步完善创新驱动发展的体制机制

以金融服务、创新人才、创新生态、成果转化等为重点,进一步完善有利于创新驱动与产业升级的体制机制环境。

一是创新科技金融融合发展机制。促进金融资本与技术创新的结合,探索技术与金融结合的发展渠道,鼓励有实力的企业设立企业创投基金。

二是完善人才激励与发展机制,引导创新型人才向产业集聚,加快培育符合产业技术创新需求的高层次科技人才队伍。

三是营造适宜创新创业的创新生态系统,把激发个人和组织创新活力与创造公平竞争

环境结合起来,打造大中小企业融合发展的产业技术创新企业生态链,以及一批适合不同行业特点的技术创新服务平台。

四是创新科研成果评价机制,支持创新成果产业化,鼓励科研人员和团队运用创新成果创业,支持其向众创空间和产业基地集聚。

五是升级产业创新系统,强化对企业创新的扶持政策,完善支持创新的各项制度,强化知识产权保护,激发企业创新的内生动力,推动企业走上一条产品附加值高、竞争差异化的道路,把创新发展作为应对经济下行压力、实现转型发展的核心驱动力,实现产业升级发展。

第五章　长江经济带区域协调发展报告

党的十八大以来,以习近平同志为核心的党中央把促进区域协调发展摆在更加重要的位置。2021 年印发实施的《"十四五"长江经济带发展实施方案》,也将促进区域协调发展作为重要任务之一。本部分从长江经济带 11 省市经济发展、居民生活水平、交通基础设施等现状入手,对区域协调发展指数、典型实践,以及对策建议展开分析,为新时期长江经济带建设区域协调发展新样板提供参考。

第一节　长江经济带区域协调发展现状分析

一、经济发展现状分析

在对区域经济发展现状的分析上,选取 GDP 增速、人均 GDP、制造业占 GDP 比重 3 个指标来进行比较。具体来看:

(1)GDP 增速现状。GDP 增速反映一个国家(或地区)经济发展的快慢。整体而言,与中国经济进入新常态相适应,长江经济带 11 省市 GDP 增速整体呈下降趋势(表 5-1,图 5-1),2020 年因新型冠状病毒感染影响,GDP 增速显著下滑,湖北为负增长。但是,2015—2020 年,上游地区的贵州 GDP 仍保持较快的增长速度,排名依次为第 2、2、1、1、1、1 位;云南 GDP 增速排名依次为第 5、4、2、2、2、2 位;重庆排位依次为第 1、1、2、11、9、3 位;安徽、湖北、江西、湖南的 GDP 增速也快于下游地区的上海、江苏、浙江,四川在 2017 年后增速也快于上海、江苏、浙江。下游地区的上海、江苏、浙江 GDP 增速慢于中、上游地区省市,长江经济带中、上游地区省市经济增速正在加速赶超下游地区。

表 5-1　　　　　　　　　2015—2020 年长江经济带 11 市 GDP 增速数据　　　　　　　(单位:%)

年份	上海	江苏	浙江	安徽	江西	湖北	湖南	重庆	四川	贵州	云南
2015	6.90	8.50	8.00	8.70	9.10	8.90	8.60	11.00	7.90	10.70	8.70
2016	6.80	7.80	7.50	8.70	9.00	8.10	7.90	10.70	7.70	10.50	8.70
2017	6.90	7.20	7.80	8.50	8.90	7.80	8.00	9.30	8.10	10.20	9.50
2018	6.60	6.70	7.10	8.02	8.70	7.80	7.80	6.00	8.00	9.10	8.90
2019	6.00	6.10	6.80	7.50	8.00	7.50	7.60	6.30	7.50	8.30	8.10
2020	1.70	3.70	3.60	3.90	3.80	−5.00	3.80	3.90	3.80	4.50	4.00

图 5-1　2015—2020 年长江经济带 11 省市 GDP 增速基本数据比较

（2）人均 GDP 现状。人均 GDP 比较客观地反映了一个国家或地区经济社会的发展水平和发展程度，直接决定和影响着一个国家或地区在居民收入和生活水平及其社会建设方面的投入取向、投入能力与投入水平。2015—2020 年（除湖北 2020 年略有下降外），11 省市人均 GDP 整体呈上升趋势（图 5-2、图 5-3）。其中，人均 GDP 最高的是上海，为 156803 元/人；最低的是贵州，为 46355 元/人。下游地区上海、江苏、浙江的人均 GDP 均超过了 10 万元，上游地区的贵州在 5 万元以下，其他 7 个省都在 5 万～8 万元之间。与人均 GDP 增长趋势相反，人均 GDP 年均增长率最快的是贵州，为 10.18%；其次是云南，为 10.14%；下游地区的安徽排第 3 位，为 9.47%；四川排第 4，为 9.32%；江西排第 5，为 8.8%；然后依次为重庆第 6（8.33%）、湖南第 7（7.70%）、上海第 8（7.51%）、湖北第 9（7.21%）、江苏第 10（7.16%）、浙江第 11（6.57%）。

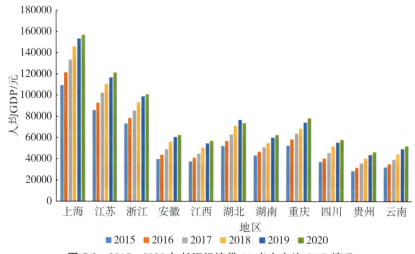

图 5-2　2015—2020 年长江经济带 11 省市人均 GDP 情况

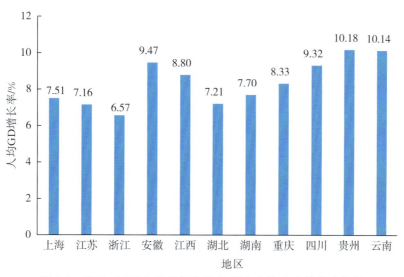

图 5-3　2015—2020 年长江经济带 11 省市人均 GDP 增长率比较

（3）制造业占 GDP 比重现状。党的十八大以来，我国把大力发展制造业和实体经济摆在更加突出的位置，作出建设制造强国的战略部署。制造业的高质量发展是一个国家或地区创造力、竞争力和综合实力的体现。2015—2020 年长江经济带 11 省市制造业占 GDP 比重整体呈下降趋势，某些年份略有起伏（图 5-4）。其中，2020 年制造业占 GDP 比重最大的是江苏，占比达 34.5%；其次是浙江，占比 32.7%；江西占比 32.1%，排第 3；湖北占比 29.4%，排第 4；湖南占比 26.6%，排第 5；安徽 26.3%，排第 6；重庆占比 25%，排第 7；上海占比 23.9%，排第 8；四川占比 22.1%，排第 9；贵州占比 18.8%，排第 10；云南垫底，占比仅 16.4%。

图 5-4　2015—2020 年长江经济带 11 省市制造业占 GDP 比重情况

二、居民生活水平现状分析

人均社会消费品零售总额和城乡居民人均可支配收入比可以衡量区域居民生活水平现

状。社会消费品零售总额反映区域消费需求现状,人均社会消费品零售总额地区的差异反映地区消费需求差距;城乡居民人均可支配收入比反映区域城乡居民收入差距。

人均社会消费品零售总额地区差异。2015—2019 年长江经济带 11 省市人均社会消费品零售总额基础数据均呈逐年增长趋势(2020 年略有降低)。人均社会消费品零售总额排名前三位的是下游的上海、江苏、浙江,湖北排第 4 位,重庆排第 5 位,四川、安徽、湖南、江西分别排 6、7、8、9 位,云南、贵州垫底(图 5-5、图 5-6)。从数据上来看,2020 年,只有上海、江苏、浙江 3 省突破 4 万元,排名最后的贵州为 2.03 万元,仅为上海 6.40 万元的 31.72%。样本年间,人均社会消费品零售总额年均增长率变化上却呈相反趋势,人均社会消费品零售总额排名靠前的上海、江苏、浙江在年均增长率上较缓,排名靠后的贵州反而位居首位,安徽排第 2 位,云南排第 3 位。

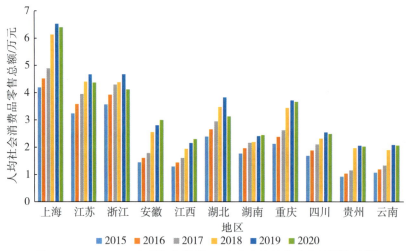

图 5-5　2015—2020 年长江经济带 11 省市人均社会消费品零售总额

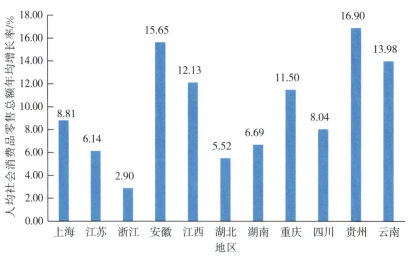

图 5-6　2015—2020 年 11 省市人均社会消费品零售总额年均增长率变化趋势

　　城乡居民人均可支配收入比。2015—2020 年长江经济带 11 省市城乡居民人均可支配收入比整体呈下降趋势(图 5-7),表明 11 省市城乡收入差距逐渐缩小。同时,下游地区的城乡居民人均可支配收入比小于中、上游地区,其中云南、贵州城乡居民人均可支配收入比数值最大,浙江城乡可支配收入比最小。从 2020 年数据来看,贵州城乡居民人均可支配收入比最大,排第 1 位,比值为 3.10。云南排第 2 位,比值为 2.92。其他依次是湖南(2.51)、重庆(2.45)、四川(2.40)、安徽(2.37)、江西(2.27)、上海(2.19)、江苏(2.19)、浙江(1.96)。也表明经济越发达的地区,区域城乡差距越小。从城乡居民人均可支配收入比年均下降的比率来看(图 5-8),云南下降幅度最大,比例从 2015 年的 3.33 下降为 2020 年的 2.92,年均下降为 2.58%;湖北下降幅度最小,年均下降为 0.30%。

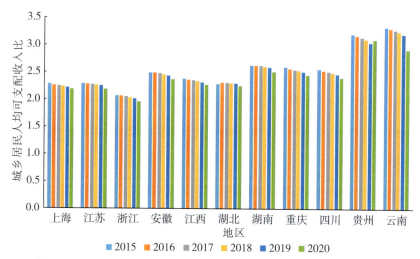

图 5-7　2015—2020 年长江经济带 11 省市城乡居民人均可支配收入比

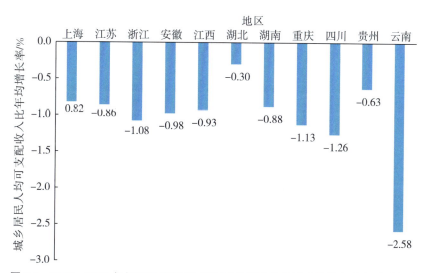

图 5-8　2015—2020 年长江经济带 11 省市城乡居民人均可支配收入比年均增长率

三、交通基础设施建设现状分析

长江经济带综合交通运输体系日渐完善,但上、中、下游,沿江腹地交通条件差距仍然十分明显。用高速公路路网密度、铁路路网密度、内河航道里程、国家铁路地区间货物交流4个指标来分析比较长江经济带11省市区域交通基础设施建设现状。

高速公路路网密度比较。2020年,长江经济带11省市高速公路路网密度最大的是下游地区的上海,其次是浙江、江苏(图5-9)。上游地区的贵州高速公路路网密度排第4,重庆排第5位,湖北排第6位,江西排第7位,安徽第8位,湖南第9位。高速公路路网密度最低的也在上游地区,云南和四川排第10、11位。但是从2015—2020年的年均增长率来看(图5-10),云南高速公路路网密度增幅最大,年均增长率15.98%,其次是贵州、四川、重庆。上海、江苏年均增长率最低,分别排第11、10位。

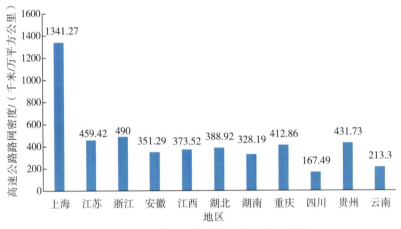

图 5-9　2020 年 11 省市高速公路路网密度

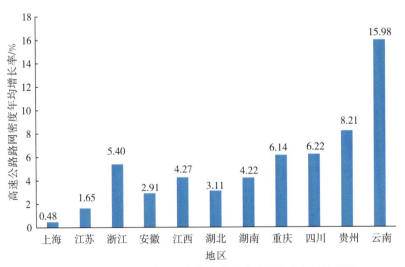

图 5-10　2015—2020 年 11 省市高速公路路网密度年均增长率

　　铁路路网密度比较。2020 年铁路路网密度最大的是下游地区的上海,其次是江苏、安徽、浙江、江西、重庆、湖北、湖南,上游地区的贵州、四川、云南垫底(图 5-11)。从 2015—2020 年的铁路路网密度年均增长率来看(图 5-12),增速最快的是江苏,然后是上游地区的云南、贵州,其次是湖北、安徽、湖南、浙江、江苏、重庆、四川,上海增速最慢。

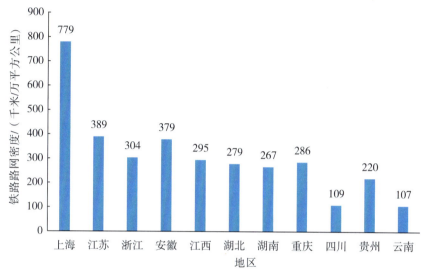

图 5-11　2020 年 11 省市铁路路网密度

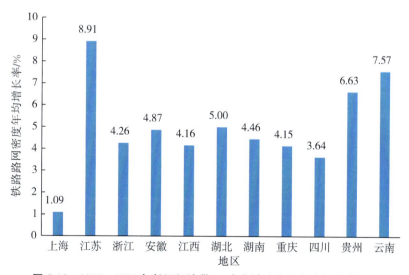

图 5-12　2015—2020 年长江经济带 11 省市铁路路网密度年均增长率

　　内河航道里程比较。2015—2020 年,各省市内河航道里程基本保持稳定,个别省市略有增减。其中,2020 年,内河航道里程最长的是江苏,24372 千米;其次是湖南 11496 千米;四川 10881 千米;浙江 9758 千米;排名靠后的是云南(4589 千米)、重庆(4352 千米)、贵州(3954 千米),排名最后的是上海,仅 1654 千米(图 5-13)。云南 2015—2020 年内河航道里程年均增长率达到了 2.89%，其次是贵州 1.54%，湖北 0.13%，四川 0.12%，其他省市基本未变。

图 5-13　2020 年长江经济带 11 省市内河航道里程

国家铁路地区间货物交流情况比较。2020 年因新型冠状病毒感染影响，除了江苏铁路地区间货运量呈增长趋势外，其他省市下降幅度较大（图 5-14、图 5-15）。2015—2019 年铁路地区间货物交流情况，11 省市货运量有升有降。安徽、四川货运量最大（在 10000 万～16000 万吨之间）；江西、贵州、湖南、云南较大（在 6000 万～8000 万吨之间）；江苏、浙江、湖北偏少（4000 万～7000 万吨之间）；重庆在 3000 万～4000 万吨之间；上海最少，每年都在600 万吨以下。2015—2019 年，除了上海、安徽、贵州呈负增长之外，其他 8 省市整体年均增长率处于正值，但变化不大。其中云南年均增长率排第 1 位，江苏排第 2 位，湖北排第 3 位。

图 5-14　2015—2020 年 11 省市国家铁路地区间货物交流情况

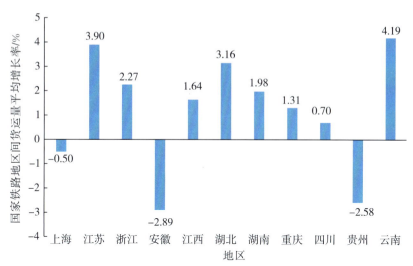

图 5-15 2015—2019 年长江经济带 11 省市国家铁路地区间货运量年均增长率

第二节 长江经济带区域协调发展指数分析

一、区域协调发展指数总体分析

2015—2020 年,长江经济带区域协调发展平均指数整体呈上升态势(表 5-2、图 5-16)(2020 年略有下降),指数均值从 2015 年的 106.89 上升到 2020 年的 112.11,增幅 5.22,增长 4.88%,年均增长率为 0.96%。11 省市的区域协调发展指数也是呈逐年上升趋势。

表 5-2   2015—2020 年长江经济带区域协调发展指数得分及排名

区域	城市	2015 年		2016 年		2017 年		2018		2019 年		2020 年	
		得分	排名	得分	排名	得分	排名	得分	排名	得分	排名	得分	排名
下游地区	上海	133.34	1	135.21	1	137.68	1	142.32	1	144.04	1	143.83	1
	江苏	130.63	2	132.18	2	134.60	2	136.81	2	139.84	2	141.03	2
	浙江	115.40	3	116.72	3	118.89	3	120.82	3	122.64	3	120.55	3
	安徽	106.27	4	106.82	5	107.71	5	109.87	5	111.64	5	108.86	5
	均值	94.52	—	95.69	—	96.93	—	99.14	—	100.74	—	99.31	—
中游地区	江西	100.65	8	102.09	7	103.38	7	104.61	8	106.39	8	104.13	8
	湖北	105.92	5	106.85	4	108.18	4	111.12	4	114.10	4	109.29	4
	湖南	105.40	6	106.26	6	107.31	6	108.46	6	110.22	6	108.32	6
	均值	103.99	—	105.07	—	106.29	—	108.06	—	110.24	—	107.25	—

区域	城市	2015 年		2016 年		2017 年		2018		2019 年		2020 年	
		得分	排名	得分	排名	得分	排名	得分	排名	得分	排名	得分	排名
上游地区	重庆	99.38	9	101.42	9	102.73	9	105.14	7	106.90	7	105.94	7
	四川	101.40	7	101.61	8	102.86	8	104.04	9	105.91	9	101.92	9
	贵州	91.58	10	92.74	10	93.66	10	96.73	10	97.82	10	97.49	10
	云南	85.71	11	86.98	11	88.46	11	90.64	11	92.31	11	91.87	11
	均值	94.52	—	95.69	—	96.93	—	99.14	—	100.74	—	99.31	—
长江经济带		106.89		108.08		109.59		111.87		113.80		112.11	

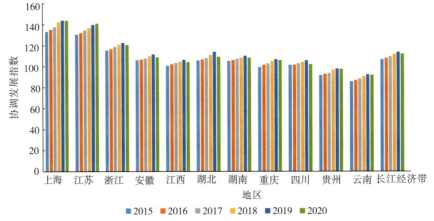

图 5-16　2015—2020 年长江经济带整体及 11 省市区域协调发展指数

二、上、中、下游地区比较分析

上、中、下游地区协调发展指数均值均有不同程度的增长(表 5-3、图 5-17)。上游地区从 2015 年的 94.52 增长至 2020 年的 99.31,增幅 4.79,增长 5.07%,年均增长率 0.99%。中游地区从 2015 年的 103.99 增长至 2020 的 107.25,增幅 3.26,增长 3.13%,年均增长率 0.62%。下游地区从 2015 年的 121.43 增长至 2020 年的 128.57,增幅 7.14,增长 5.88%,年均增长率 1.15%。

表 5-3　　　　　　　　2015—2020 年长江经济带和上、中、下游地区协调发展指数

区域	2015 年	2016 年	2017 年	2018 年	2019 年	2020 年
上游地区	94.52	95.69	96.93	99.14	100.74	99.31
中游地区	103.99	105.07	106.29	108.06	110.24	107.25
下游地区	121.43	122.73	124.72	127.46	129.54	128.57
长江经济带	106.89	108.08	109.59	111.87	113.80	112.11

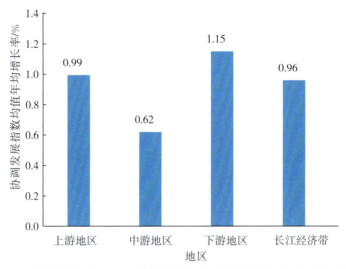

图 5-17　长江经济带与上、中、下游地区协调发展指数均值年均增长率比较

从区域协调发展指数均值变化趋势来看(图 5-18),样本年间,下游地区协调发展指数得分均值最高,其值远远高于上游地区和中游地区,且在长江经济带总体均值以上;中游地区协调发展指数得分均值居中,优于上游地区,但低于长江经济带总体均值,且远低于下游地区;上游地区协调发展指数得分均值最低,远低于下游、中游及总体均值。

图 5-18　2015—2020 年长江经济带区域协调发展指数均值变化趋势

从区域协调发展指数均值增幅变化来看(图 5-19),下游地区增幅最大,也大于长江经济带增幅,中游地区增幅最小,上游地区居中。

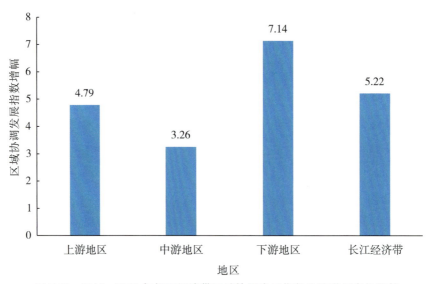

图 5-19　2015—2020 年长江经济带区域协调发展指数均值增幅变化趋势

三、11 省市比较分析

从得分均值变化上来看,2015—2020 年,11 省市得分呈逐年上升趋势(图 5-20)(2020 年略有下降除外)。

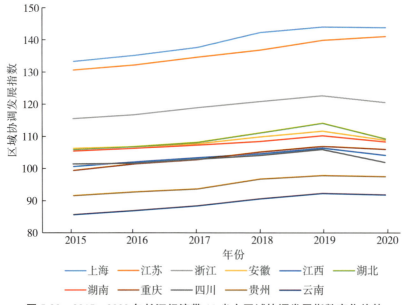

图 5-20　2015—2020 年长江经济带 11 省市区域协调发展指数变化趋势

上海区域协调发展指数得分在样本年间持续排名第 1 位,从 2015 年的 133.34 增长至 2020 年的 143.83,增幅 10.49,增长 7.87%,年均增长率 1.53%。江苏区域协调发展指数得分在样本年间持续排名第 2 位,从 2015 年的 130.63 增长至 2020 年的 141.03,增幅 10.4,增长 7.96％,年均增长率 1.54％。浙江在样本年间持续排名第 3 位,从 2015 年的 115.49 增长至 2020 的 120.55,增幅 5.06,增长 4.38％,年均增长率 0.86％。安徽在样本年间排名从第 4 位降至第 5 位,指数从 2015 年的 106.27 增长至 2020 年的 108.86,增幅 2.59,增长 2.44％,年均增长率 0.48％。

江西区域协调发展指数排名从 2015 的第 8 位升至 2016 年、2017 年的第 7 位,然后又降至第 8 位,指数从 2015 年的 100.65 增长至 2020 年的 104.13,增幅 3.48,增长 3.46％,年均增长率 0.68％。湖北区域协调发展指数从 2015 年的第 5 位升至第 4 位并一直保持在第 4 位,指数从 2015 年的 105.92 增长至 2020 年的 109.29,增幅 3.37,增长 3.18％,年均增长率 0.63％。湖南区域协调发展指数排名一直保持在第 6 位,指数从 2015 年的 105.40 增长至 2020 年的 108.32,增幅 2.92,增长 2.77％,年均增长率 0.55％。

重庆区域协调发展指数得分排名从第 9 位上升到第 7 位,指数得分从 2015 年的 99.38 增长至 2020 年的 105.94,增幅 6.56,增长 6.60％,年均增长率 1.29％。四川得分排名从第 7 位降至第 8 位再降至第 9 位,指数得分从 2015 年的 101.40 增长至 2019 年的 105.91,然后到 2020 的 101.92,增幅 0.52,增长 0.51％,年均增长率 0.10％。贵州排名一直在第 10 位,指数得分从 2015 年的 91.58 增长至 2020 年的 97.49,增幅 5.91,增长 6.45％,年均增长率 1.26％。云南排名一直居于末位,指数得分从 2015 年的 85.71 增长至 2020 年的 91.87,增幅 6.16,增长 7.19％,年均增长率 1.40％。

从区域协调发展指数得分增幅来看(图 5-21),11 省市中,上海增幅最快,排第 1 位,其次为江苏,重庆排第 3 位,云南第 4 位,贵州第 5 位,浙江第 6 位,江西第 7 位、湖北第 8 位、湖南第 9 位、安徽第 10 位、四川第 11 位。

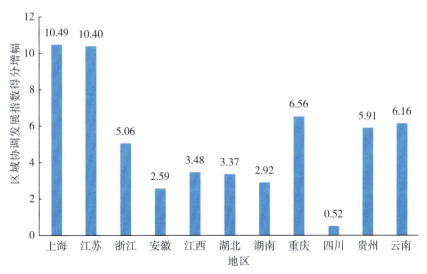

图 5-21　2015—2020 年长江经济带 11 省市区域协调发展指数增幅比较

从年均增长率来看(图 5-22),江苏排第 1 位,上海排第 2 位,云南排第 3 位,重庆排第 4 位,贵州排第 5 位,浙江排第 6 位,江西排第 7 位,湖北排第 8 位,湖南排第 9 位,安徽排第 10 位,四川垫底,排第 11 位。

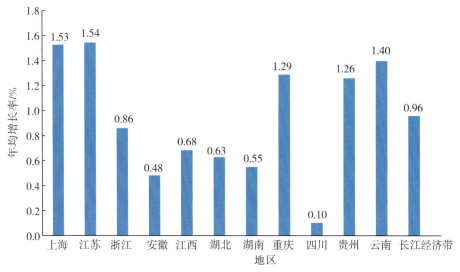

图 5-22　2015—2020 年长江经济带 11 省市区域协调发展指数年均增长率比较

四、小结

总体来说,2015—2020 年,长江经济带区域协调方面发展态势良好,具体来讲:

分区域来看,下游地区协调发展指数得分均值、增幅、年均增长率远远高于上游地区和中游地区,上游地区协调发展指数得分均值最低。这与东部地区、中部地区、西部地区的整体经济实力差距相关,西部地区的经济实力相对偏弱。但是上游地区的区域协调得分增幅和年均增长率高于中部地区,表明西部大开发的加快实施,国家政策发挥着至关重要的作用,特别是中央财政转移支付和税收优惠政策、国家经济布局和产业政策、对口支援和帮扶协作政策等,极大地改善了各地区公共基础设施状况,促进了基本公共服务均等化,推动了西部地区经济社会发展,增强了上游地区区域发展的协调性。

分省市来看,区域协调发展得分靠前的上海、江苏增幅和年均增长率也在最前列,但是区域协调发展得分靠后的贵州、云南、重庆增幅和年均增长率比较靠前,并高于浙江。湖北、湖南、江西、安徽、四川得分排名居中,但增幅、年均增长率相对来说较慢。中、上游地区要不断深化供给侧改革,优化营商环境,加强科技创新,发挥地区优势,推动经济高质量发展。同时,在推动基本公共服务均等化、完善基础设施的通达程度等方面下功夫,进一步缩小与下游地区的区域协调发展差距。

第三节　长江经济带区域协调发展典型实践

一、浙江以"山海协作工程"推动区域协调发展

近年来,浙江省以解决地区差距、城乡差距、收入差距为主攻方向,以山区 26 县为突破口,以实施山海协作工程作为促进区域协调发展的重要举措,在山海互济、陆海统筹中,实现先富帮后富,区域共同富裕。浙江是全国唯一所有设区市居民收入都超过全国平均水平的省份,城乡收入倍差为全国最低的省份之一。2020 年,习近平总书记在浙江考察时赋予浙江"努力成为新时代全面展示中国特色社会主义制度优越性的重要窗口"的新目标新定位。2021 年 5 月 20 日,党中央、国务院正式印发《关于支持浙江高质量发展建设共同富裕示范区的意见》,赋予浙江为全国推动共同富裕提供省域范例的重任,区域协调发展将会进一步推进。

2002 年 4 月浙江省山海协作工程正式实施,"山"主要是指以浙江西南山区和舟山海岛为主的欠发达地区,"海"主要指沿海发达地区和经济发达的县(市、区)。山海协作工程遵循"政府推动,企业主体,市场运作,互利双赢"原则,即通过政府的鼓励、引导和推动,促使发达地区的企业和欠发达地区开展优势互补的经济合作,促使省直有关部门和社会各界从科技、教育、卫生等方面帮扶支持欠发达地区。山海协作工程的主要做法是以项目合作为中心,以产业梯度转移和要素合理配置为主线,通过发达地区产业向欠发达地区合理转移、欠发达地区剩余劳动力向发达地区有序流动,从而激发欠发达地区经济的活力,推动经济加快发展,提高人民生活水平。目前,浙江正进一步完善省域统筹机制,创新实施山海协作升级版,推动山区 26 县跨越式高质量发展,念好新时代的"山海经",为全国推动区域协调,实现共同富裕提供省域范例。

(一)加强高端要素和医疗、教育等公共服务供给

山区的技术、人才等高端要素存在明显短板,教育、医疗等公共服务相对滞后。浙江省鼓励和支持高校、科研院所到浙江西南山区开展产学研合作,深化沿海和山区人才引育合作,搭建高端人才共享交流平台,引导高端科技人才为山区科技创新和企业发展服务。统筹全省优质医疗、教育资源,完善"双下沉、两提升"政策。目前,教育领域的山海协作已在浙江省内遍地开花。通过校际结对、联合办学、互派教师,浙江省内 1500 所中小学开展校际结对,8 所省属高校与衢州学院、丽水学院展开合作。如温州市鹿城区和该市西南部山区县泰顺跨山越海,实现"互联网＋义务教育"5G 同步课堂。2021 年,浙江大学医学院附属第二医院与衢州市衢江区、开化县、岱山县、松阳县、庆元县、龙泉市、遂昌县人民政府签署框架协议,联合当地人民医院建设了省内规模最大的"山海分院联盟"。据统计,2021 年,浙江大学

医学院附属第二医院共向山海分院派驻常驻专家 158 名,开展新技术新项目 200 项。

(二)共建山海协作产业园区

开展山海协作产业园建设是浙江省委、省政府推进区域统筹发展的一项重大战略。以平阳县为例,2007 年,平阳县被列为浙江省山海协作受援县,与省辖县级市乐清市形成结对关系。此后 10 年,平阳县累计接受乐清市援建资金 2390 万元,援建项目 533 个,主要是投向西部山区相对不发达的地方。2018 年 5 月,平阳县人民政府、乐清市人民政府签订山海协作生态旅游文化产业园共建协议,以生态文化旅游为主轴,以"一园"为核心、以"生态＋文化"特色项目"多点"布局为拓展,聚焦产业合作、平台建设,深化乡村振兴和社会事业合作,落实援建项目。山海协作生态旅游文化产业园、海洋休闲旅游度假区、苏步青故里文化旅游基地、红都文化旅游教育基地、古屋文化博览体验园、畲族民俗旅游风情小镇、茶文化康养基地和都市田园观光体验基地等的建设,进一步激发了平阳县的经济内生动力,"造血"功能更加强大。2022 年,26 个山区县新签山海协作产业合作项目 230 个,到位资金(含续建)360 亿元,完成全年目标的 90％;27 个山海协作产业园完成固定资产投资 145 亿元,完成全年目标的 80.5％。

(三)打造飞地经济

为持续深化山海协作工程,2021 年 1 月,浙江出台《关于进一步支持山海协作"飞地"高质量建设与发展的实施意见》,支持山区 26 县到省内发达地区投资建设产业、科创、消薄(消除集体经济薄弱村)三类飞地,为山区发展注入更多动力。如波市江北区和丽水市莲都区共建科创飞地、常山县与宁波慈溪市共建慈溪高新区上林英才产业园等。2021 年,浙江已有山海协作飞地园区 42 个,其中,30 个消薄飞地带动 26 县 2500 多个集体经济薄弱村实现增收,实现返利 2 亿多元。2022 年以来,飞地建设提质提速,已拟定 28 个选址方案,签订 9 个共建协议。

(四)强化顶层设计

浙江省委、省政府先后出台《关于深入实施山海协作工程促进区域协调发展的若干意见》《浙江省山区 26 县跨越式高质量发展实施方案(2021—2025 年)》《新时代支持浙西南等革命老区振兴发展的实施意见》,每年召开全省山海协作工程推进会,成立省山海协作领导小组十个专题合作组。对 26 县分类引导、"一县一策",为每个县量身定制发展方案和政策工具箱。

二、江苏以区域互补、跨江融合、南北联动统筹区域协调发展

党的十八大以来,江苏统筹推进国家重大区域发展战略,结合自身区域发展实际,坚持抓好区域互补、跨江融合、南北联动大文章,着力解决区域间发展不平衡不充分问题,区域协调发展新机制建立健全,区域发展差距进一步缩小,全力服务构建新发展格局。

(一)实施苏北赶超战略,缩小南北差距

一是不断增强苏北发展的内生动力。江苏省深入推进产业、财政、科技、人才从苏南向苏北的"四项转移",建立完善省级机关、高等院校(科研院所)、大型国有企业、苏南经济相对发达的县(市、区)与苏北经济相对薄弱的县(区)挂钩帮扶的"五方挂钩"机制,出台振兴徐州老工业基地、实现宿迁发展更大突破、建设淮安苏北重要中心城市等政策文件。苏北五市迈入高铁时代,基础设施实现质的飞跃。

二是发挥苏南引领辐射功能,实施南北结对帮扶。早在 2001 年,江苏省就正式启动"南北挂钩,结对扶持"。截至 2021 年 9 月,江苏有南北共建园区 45 家,累计入园企业超 1700家,项目注册金额超 2000 亿元,实际利用外资超过 40 亿美元,带动就业 66 万余人,主要经济指标增速均超过当地平均水平,大体保持 15% 左右的年增长率。2022 年,江苏省科技厅出台举措,支持苏北、苏南建立"科创飞地",由苏北地区结合自身需求,打破行政区划界限,到苏南创新资源丰富的地区设立跨区域创新合作平台。促进创新要素开放共享,推动南北产业链创新链双向融合。"科创飞地"的建设获得全方位的支持,如比照全省重点片区科技帮扶措施,对南北共建的"科创飞地"连续 3 年按每年 100 万~200 万元给予专项后补助扶持,3 年后经评估成效显著的,再给予 2 年连续支持。

十年来,苏北经济社会发展步伐进一步加快,2012—2021 年,苏南与苏北人均地区生产总值差距由 2.48 倍收窄到 2 倍以下。2021 年,苏北地区城镇居民和农村居民人均收入分别是 2012 年的 1.97 倍和 2.21 倍,特别是农村居民人均收入增长比苏南同期高 5 个百分点。

(二)积极推进重点功能区建设,推动全域协调发展

江苏省深入实施扬子江城市群、沿海地区、徐州淮海经济区中心城市、江淮生态经济区等重点功能区战略,为每个重点功能区量身定制了政策支持。一是以跨江融合为重点推动扬子江城市群全面转型升级。过江通道不断加密,已建成过江通道 17 个,在建 8 个,为跨江融合发展提供了强力支撑。宁镇扬一体化进程加快,苏锡常都市圈网络化格局正在形成,南沿江铁路、(沪)苏锡常城际铁路加快建设,共同打造环太湖科创圈。二是以港产融合为重点推动沿海地区高质量发展。沿海地区综合实力显著提升,地区生产总值占全省比重从 2012年的 17.1% 提高到 2021 年的 18.4%。连云港国家石化产业基地建设取得重要进展,海工装备产值占全国四分之一,海上风电装机容量达 1183 万千瓦、居全国首位。三是以提升城市能级为重点建设淮海经济区中心城市。强化功能支撑,放大交通枢纽优势,徐州大力推进经济中心、创新创业中心、科教文化中心和双向开放高地建设,徐工集团跻身全球工程机械制造商排行榜前三,带动产业链企业近千家、就业超 6 万人。四是以江苏永续发展的"绿心"重点建设江淮生态经济区。充分发挥里下河地区、洪泽湖流域等区域湿地、水网、土地开发强度较低的优势,增强生态绿色发展动能,持续推进水系治理、生态修复和环境保护,大力发展绿色产业,构建标识化的区域生态经济品牌。

（三）积极融入长三角一体化发展和"一带一路"建设

江苏紧紧围绕产业创新、基础设施、区域市场、绿色发展、公共服务等多个领域一体化，不断在全方位融入长三角合作中实现增势赋能。加快交通基础设施一体化建设，加快实施北沿江高铁、通苏嘉甬铁路、沪苏嘉城际等项目，江苏第一批11个省际断头路中6条已经建成通车，累计建成5G基站38.2万个。实施的27个关键核心技术攻关重大项目，取得18项重大成果。沪苏浙携手推动示范区形成两批共73项可复制、可推广的制度创新成果，水乡客厅、吴江高铁科创新城等标志性项目有序推进，太浦河共保联治示范段完成22千米绿廊建设，在示范区落地苏州大学未来校区产业创新平台。积极推进中哈（连云港）物流合作基地、中阿（联酋）产能合作示范园、柬埔寨西港特区等境内外合作园区高质量发展，将连云港－霍尔果斯串联起来的新亚欧陆海联运通道打造为"一带一路"倡议的标杆和示范项目。同时，加快沿沪宁产业创新带建设，深入推进虹桥国际开放枢纽北向拓展，协同推动长三角自由贸易试验区联动创新，加快建设国家东中西区域合作示范区建设、通州湾长江集装箱运输新出海口，为长三角在全国大局中发挥更大作用做出江苏贡献。

江苏省第十四次党代会报告把"大力促进区域协调联动，更高质量推动长三角一体化发展"，作为今后五年着力抓好的九项重点工作之一。要求：优化苏南4市与苏北4市的结对关系，务实推进苏南相关县（市、区）与苏北10个重点县的结对帮扶，将南北结对帮扶合作拓展至产业、科技创新、教育、医疗卫生、文旅康养、人力资源等6个领域。把县城等中小城市发展作为关键节点，持续推动10个国家县城城镇化建设示范县建设，加快形成都市圈城市群、大中小城市优化发展的新格局。

三、湖北以"一主引领、两翼驱动、全域协同"推动区域协调发展

湖北在区域发展实践中，紧密结合国家重大区域发展战略，开拓创新，不断优化湖北区域协调发展战略。从深入实施"一元多层次"战略体系、"两圈两带"战略、"一主两副多级"战略到省委十一届八次全会提出"一主引领、两翼驱动、全域协同"区域发展布局，不断健全区域协调发展政策机制，区域协调成效明显。

（一）大力发展三大城市圈（群）

制定三大城市圈（群）发展实施意见和三年行动方案，整体推进规划同编、交通同网、科技同兴、产业同链、民生同保。2021年，武汉城市圈经济总量超过3万亿元，居全国省域城市群经济总量前列，占湖北省经济总量的60.2%。"襄十随神""宜荆荆恩"城市群经济总量分别达到1万亿元左右。

武汉城市圈同城化发展加快推进。第一，加快产业协调发展。九城聚焦湖北省明确的5个万亿级支柱产业、10个五千亿级优势产业、20个千亿级特色产业集群，秉持产业同链的共识，建链、延链、补链、强链，优化大中小城市间产业垂直分工、同等规模城市间产业水平分

工,实现产业协同布局、错位发展。以武汉为龙头携手鄂黄黄咸共建光谷科技创新大走廊、车谷产业创新大走廊、航空港经济综合实验区。第二,在政务共通上,2021年6月和11月,武汉城市圈发布两批319项"跨市通办"政务服务事项;第三,在医疗共享上,开通城镇职工医保异地门诊即时结算,武汉市药品带量采购成果进一步共享;第四,在就业共赢上,2021年组织100多家武汉市企业赴城市圈内其他城市招聘,提供就业岗位1万多个;第五,在教育共建上,多所在汉高校下沉市县开办新校区,武汉市职业教育与周边8市相互开放;第六,在环境共治上,推动长江、汉江、梁子湖等重要流域系统治理和大气污染综合防治,增进最普惠的民生。

"襄十随神"城市群一体化发展破题开篇。相继出台"襄十随神"城市群一体化发展实施意见、三年行动方案、年度工作要点、省直单位支持清单、工作协调机制、重点任务分工方案等政策文件,成立"襄十随神"媒体联盟,召开襄十随神城市群区域协同立法第一次联席会议等等。目前,正在打造襄十随联合武汉打造万亿汽车产业大走廊。大力发展襄阳都市圈,支持襄阳打造引领汉江流域发展、辐射南襄盆地的省域副中心城市,建设联结中西部新通道的核心枢纽节点,辐射带动"襄十随神"城市群发展。推动十堰建设绿色低碳发展示范区、随州打造城乡融合发展示范区、神农架林区建设生态文明建设示范区。

"宜荆荆恩"加快合作步伐。成立"宜荆荆恩"城市群旅游联盟、"宜荆荆恩"城市群媒体联盟、公共资源交易一体化合作联盟等;携手建设国家级磷化工产业集群、文旅产业联盟。大力发展宜荆荆都市圈,支持宜昌打造联结长江中上游、辐射江汉平原的省域副中心城市,建设长江综合立体交通枢纽,辐射带动"宜荆荆恩"城市群发展。推动荆州建设江汉平原高质量发展示范区、荆门打造产业转型升级示范区、恩施建设"两山"实践创新示范区。

(二)以强县工程为抓手,全面推进乡村振兴

扎实推进以县城为重要载体的城镇化建设,实施"百强进位、百强冲刺、百强储备"工程,7个县市进入全国百强,22个县市入围中部百强,66个县域重点成长型产业集群总产值超过8000亿元。深度对接融入全省十大重点农业产业链,加强品牌建设,发挥龙头企业作用,推进农业一、二、三产业融合发展。持续巩固拓展脱贫攻坚成果,统筹脱贫人口增收和脱贫地区发展,完善监测帮扶机制,抓好产业就业帮扶。加快补短板,农村面貌焕然一新,全省农村公路"组组通"目标提前实现,电网改造升级任务全面完成,4G网络、安全饮水实现全覆盖,乡村振兴呈现良好局面。2021年,全省农林牧渔业总产值8279亿元,农村居民人均可支配收入达到18259元。

(三)积极推动跨区域合作

推动长江中游城市群合作。2012年湖南、湖北、江西三省人民政府签订了合作框架协议,标志着"中三角"正式启航。10年来,合作步伐不断加快,合作领域不断拓宽,尤其在交通、商务、旅游等方面进展较大。《长江中游城市群发展"十四五"实施方案》进一步明确了未

来合作的重点方向。

加强长江、汉江沿线城市合作。2010年,《湖北长江经济带开放开发总体规划(2009—2020)》(鄂政发〔2010〕51号)出台,武汉、黄石、宜昌、荆州、鄂州、黄冈、咸宁、恩施等8个市州的48个县市区谋划共同发展。2014年,《湖北汉江生态经济带开放开发总体规划(2014—2025年)》出台,加强沿江湖北10市(林区)的39个县(市、区)合作。湖北积极推动与陕西、河南的合作编制规划,2018年10月18日《国务院关于汉江生态经济带发展规划的批复》发布,共同将汉江打造成美丽、畅通、创新、幸福、开放、活力的生态经济带。

鄂渝共同合作,推动三峡旅游业发展。2019年鄂渝两省市共争取中央预算内资金和国家专项建设基金8.65亿元,支持60余个三峡文化旅游基础设施项目建设。重庆市安排1000万元资金启动大三峡旅游集散中心建设,三峡库区引进文化旅游投资上千亿元。2021—2022年,鄂渝两地将携手推进一系列合作措施,包括发展新型环保观光游轮、建设国际游轮母港、开辟跨省市游轮观光度假线路等。2022年2月26日,鄂渝边际区域协作郁江论坛在利川市文斗镇举行,鄂渝边际的11个乡镇以郁江为媒,就区域协作共同发布"郁江宣言",在乡村振兴、生态保护、基层治理等方面深度合作、抱团发展。

推动次区域合作。包括岳阳九江咸宁联手打造中部"小三角"经济带、鄂湘两省等推进龙山—来凤经济协作区投融资体制改革和一体化示范、洞庭湖生态经济区合作等。

四、四川以壮大主干、扶持落后地区统筹区域协调发展

(一)壮大主干做强支撑

一是不断壮大主干。成都积极打造现代化都市圈,加快"两区一城"(天府新区、东部新区、中国西部(成都)科学城)建设,创建成德眉资同城化综合改革试验区等。将天府新区打造成新的增长极,建设内陆开放经济高地。截至目前,天府新区已集聚新经济企业1.8万余家,汇聚青年人才17万余名、院士等高层次人才450余名。环湖布局的成都科学城正在成为我国西部重要的创新策源地。同时,成都以"链长制"为牵引,以20个重点产业链为主线,在链主企业引育、实施招商引智和项目攻坚等方面实现稳步提升。二是强化次级支撑,支持区域中心城市争创成渝地区经济副中心。《中共四川省委关于深入贯彻习近平总书记重要讲话精神、加快推动成渝地区双城经济圈建设的决定》提出,积极支持绵阳、德阳、乐山、宜宾、泸州、南充、达州七大区域中心城市建设,强化与双核的协同联动,形成成渝地区中部崛起、南翼跨越、北翼振兴格局。绵阳经济总量位列四川"次级支撑"城市之首,目前已集聚国家级和省级重点实验室、工程技术研究中心等各类创新平台超过200个,科技创新动能奔涌。宜宾大力发展动力电池等新兴产业,加快打造"动力电池之都"。

(二)统筹发展缩小差距

四川省下大气力加快省内欠发达地区、革命老区、民族地区和盆周山区发展。一是不断

深化川粤川浙扶贫协作,建立完善帮扶项目实施机制。强化以企业合作为载体的扶贫协作,吸引东部企业到贫困地区投资兴业、发展产业、带动就业。深入开展干部人才交流,建立完善劳务输出精准对接机制。二是强化精准对口支援,推进省内对口扶贫和定点扶贫,支持内地企业参与"三州"建设和扶贫开发。三是创新开展对口协作(合作)。深入推进省内发达地区与欠发达地区、经济转型升级困难地区对口协作(合作),引导对口协作(合作)地区开展相互投资和贸易活动。四是不断完善促进农民增收工作机制,出台惠农富农政策,全省农村居民收入持续增长。城乡居民可支配收入比 2015 年为 2.56,2020 年为 2.40,2021 年进一步缩小为 2.35。

(三)川渝协作融合融通

四川第十二次党代会明确以成渝地区双城经济圈建设引领高水平区域协调发展。近几年,川渝协同联动持续深化。联合制定推动成渝地区双城经济圈建设工作方案、工作机制、共同争取国家支持的重大事项等省市级层面政策文件,联合建立了党政联席会议、协调会议、联合办公室和专项工作组"四级合作机制"。搭建合作平台,2020 年制定《川渝毗邻地区合作共建区域发展功能平台推进方案》,围绕突出特色优势、集聚特色资源、发展特色经济,规划建设 10 个区域合作功能平台。2020 年、2021 年,重庆、四川已先后滚动实施 31 个、67 个合作共建的重大项目。协调推进重大改革与创新。两省市联合印发《关于推动成渝地区双城经济圈建设的若干重大改革举措》,积极探索经济区和行政区分离综合改革、深化"放管服"改革合作、开展县域集成改革试点、建立川渝两地年轻干部互派挂职长效机制、建立中欧班列合作共享机制、开展土地管理制度改革试点等。

(四)深化开放合作

大力推进西部陆海新通道建设。加快建立参与西部陆海新通道建设工作推进机制,深化川渝、川黔、川桂合作共同推进南向开放通道建设,加强沿线地区产业合作。加强川滇黔结合部区域合作,完善川滇黔市(州)合作与发展峰会等合作机制。深化省际区域合作,包括加强川陕结合部区域合作,协同推进川陕革命老区振兴发展;积极推动落实川甘青结合部牧区县区域联动协作框架协议,共同推动民族地区跨越发展和长治久安。加强流域合作,支持金沙江流域地区共建金沙江下游经济走廊,推动岷江、青衣江、大渡河流域地区联动发展等。广泛开展国际区域合作,不断提升中国—欧洲中心及中德、中意、中韩等国际合作园区共建水平,探索建设"两国双园""多国多园"发展模式。

第四节　推进长江经济带区域协调发展的对策建议

一、进一步推进产业高质量发展

长江经济带要立足新发展阶段,贯彻新发展理念,建强现代产业体系,形成具有竞争力的产业格局,不断提升城市发展质量,推动各地区经济的"稳增长""提质量""强动能",为区域协调发展奠定扎实的物质基础。继续推动石化、钢铁、有色金属、食品、建材、纺织业等传统制造业转型升级发展,有序推进企业升级改造和环保搬迁,提升传统制造业核心竞争力和清洁生产水平;大力发展新一代信息技术、节能环保产业、现代生物产业、高端装备制造业、战略性新兴产业,新能源产业、新材料、新能源汽车等战略性新兴产业。加快推动制造业数字化转型升级,以产业数字化为引领,推进智慧园区建设,促进制造业传统生产经营方式和理念改革,大力促进互联网、新一代信息技术与制造业系统全方位、全链条、全领域深度融合,提升新型工业化发展水平,补齐制造业核心技术短板,全面增强长江经济带制造业数字化发展能力。加强上、中、下游各省市产业之间整体联动与相互赋能,共同打造世界级产业集群。

习近平总书记2020年11月在全面推动长江经济带发展座谈会上强调,引导下游地区资金、技术、劳动密集型产业向中上游地区有序转移;2020年12月在中央政治局常委会听取脱贫攻坚总结评估汇报时强调,鼓励支持东中部劳动密集型产业向西部地区转移。要持续做好上、中、下游产业有序转移接续,探索发达地区和落后地区共建产业园区、飞地经济等产业协同发展模式。

二、进一步发挥城市群、中心城市引领辐射功能

首先,在城市群内部,继续发挥中心城市引领作用,促进各自大中小城市和小城镇的协调发展。进一步做大做强成都、重庆、武汉、长沙、南昌、合肥、上海、南京、杭州等中心城市,发挥其辐射引领作用,带动周边腹地的发展。其次,要抓好各城市圈内部的次级都市圈建设,如上海都市圈、南京都市圈、武汉都市圈、重庆都市圈、成都都市圈等。完善产业配套链、升级和整合优势产业及现代产业集群,推动经济一体化发展。其次,长三角、长江中游城市群、成渝地区双城经济圈功能定位不同,经济社会发展的规模、总量、结构差异较大,发展应有所侧重。长三角作为区域经济一体化高质量发展的龙头标杆,要在提升整体国际竞争力方面下功夫。长江中游城市群基础设施建设和联通上进展明显,要进一步加强产业分工协作、城市互动合作。成渝城市群要进一步发挥重庆、成都双引擎带动和支撑作用,提高一体化发展水平。再次,加强上、中、下游之间的互动合作。长江上游地区矿产、电力、劳动力等资源富集,市场需求较大,重大装备、航空航天等特色产业也在全国处于领先水平,这将为下游产业向上中游转移奠定坚实基础。最后,上、中、下游在物流、旅游、农业现代化等方面可以开展更多合作,如上、中、下游航运中心的合作,在上海、武汉、重庆等综合交通枢纽建设多式联运物流中心。推进长三角产业向长江中游和成渝城市群有序转移,促进三大城市群之间的资源优势互补、产业分工协作、城市互动合作。

三、进一步加强县域为单元的城乡统筹

县域经济作为城市经济和农村经济的结合体,既是夯实扩大内需战略基点、畅通国民经济循环的重要抓手,又是推动乡村振兴、吸纳农村劳动力就近就业、实现城乡融合发展的关键支撑。尤其要加快中西部和东部地区发展相对落后的县域经济的发展,才能推动整个长江经济带的协调发展。长江经济带有各类县域 1071 个,9287 个镇,人口 4 亿左右,县域数量众多,地域面积广阔,而且长江经济带县域经济差异巨大,长江下游县域经济远远超过中上游县域,尤其是四川、云南、贵州的广大少数民族地区县域经济非常落后,又面临生态保护与加快发展的重任。要大力发展县域富民产业。立足县域特色资源优势,将集约、高效、绿色的产业作为县域经济转型发展的方向,同时重视劳动密集型产业提质增效。要依托优势农业、特色农业以及生态环境资源,推动县域一、二、三产业融合发展。对一些处于禁止开发区和限制开发区的县域,积极探索生态产品价值实现途径,大力发展规模化的生态经济。着力改善县域基础设施环境,强化县域医疗卫生、教育资源、养老托育、文化体育、社会福利等公共服务供给。要加大对中上游县域经济的扶持力度。加大对四川、云南、贵州及长江中游 3 省县域在基础用地、财政、金融、环境承载力建设、园区合作共建等方面的支持力度。

四、完善长江经济带区域协调机制

长江经济带是一个利益共同体,各省市要解放思想,不断完善多层次、多元化的长江经济带区域协调机制,加强中央和长江经济带省市之间、省际交界地区、省市和市州县之间的协调机制等,建立完善长江经济带区域合作机制、区域互助机制、区域政策调控机制、区际利益协调机制、基本公共服务均等化机制,在投资项目的区域布局调整、投资资金的区域分配、专项转移支付的区域调整、产业的区域转移、共同市场的培育、生态利益的跨区域补偿等方面加大协调力度。

第六章 长江经济带对外开放发展报告

长江经济带兼具沿海沿江沿边和内陆区位,是我国对外开放起步较早、基础良好、发展较快的区域之一。2015—2020 年长江经济带对外开放总体发展良好,11 省市地区市场繁荣度不断提高,创新能力持续增强,对外开放程度稳步提升,但区域内上、中、下游各省市之间对外开放仍存在差异。未来,长江经济带应加强统筹融合,建设更高水平开放型经济新体制,构筑高水平对外开放新高地。

第一节 长江经济带对外开放指数分类分析

2020 年长江经济带 11 省市出台了一系列支持区域对外开放的意见、实施方案等政策文件,对外开放环境持续优化,地区市场繁荣度逐步提高,交通物流水平不断提高,经济外向度明显提升。

一、地区市场繁荣度

地区市场繁荣度反映地区对外开放的经济基础与经济活跃程度,是进口贸易与吸引外资的重要影响因素,包含地区的消费能力、创新能力与外资利用水平。选取社会消费品零售总额、高技术企业出口总额和实际利用外资额 3 个指标,2020 年长江经济带 11 省市地区市场繁荣度见表 6-1。

表 6-1　　　　　　2020 年长江经济带 11 省市地区市场繁荣度主要指标

地区	社会消费品零售总额/亿元	高技术企业出口总额/亿元	实际利用外资额/亿美元
上海	15932.5	2.8822	202.33
江苏	37086.1	8.6364	283.80
浙江	26629.8	6.8157	157.85
安徽	18334	1.6014	183.05
江西	10371.8	1.3359	146.02
湖北	17984.9	1.2214	103.52
湖南	16258.1	0.9643	209.98
重庆	11787.2	0.9003	102.72

地区	社会消费品零售总额/亿元	高技术企业出口总额/亿元	实际利用外资额/亿美元
四川	20824.9	1.4872	100.59
贵州	7833.4	0.0705	4.39
云南	9792.9	0.0579	7.59

社会消费品零售总额反映了地区社会购买力的实现程度以及零售市场的规模状况,是反映地区消费水平最重要的指标之一。数据显示(图 6-1):江苏社会消费品零售总额为 37086.1 亿元,位居长江经济带 11 省市首位,位居全国第 2 位。2020 年受新型冠状病毒感染影响,社会消费品零售总额比上年下降 1.6%,城镇消费品零售额下降 1.6%;农村消费品零售额下降 1.3%。但总体来看,消费品市场逐步回稳,基本生活类消费增长平稳,部分消费升级类商品零售额增长较快。在限额以上企业商品零售额中,粮油食品类、服装鞋帽针纺织品类、日用品类商品零售额分别增长 13.3%、下降 2.5% 和增长 10.0%。以智能手机、平板电脑等为代表的通信器材类商品零售额增长 6.2%;书报杂志类增长 1.6%。

图 6-1　2020 年长江经济带各省市社会消费品零售总额

浙江和四川分别位居第 2 位和第 3 位,其中,浙江位列全国社会消费品零售总额排名第 4 位,体现出强有力的市场购买力与经济活力。在限额以上批发零售企业商品零售额中,粮油食品、饮料和日用品零售额增速平稳,分别比上年增长 9.2%、8.1% 和 4.8%;体育娱乐用品、烟酒、化妆品和文化办公用品类零售额增速较快,分别增长 30.9%、15.5%、13.1% 和 12.6%。升级类商品消费需求持续释放,可穿戴智能设备、新能源汽车、计算机及其配套产品分别增长 40.8%、23.9% 和 16.3%。批发零售企业通过公共网络实现的商品零售额增长 19.2%。

四川、湖北、湖南分别位居长江经济带 11 省市第 3 位、第 4 位、第 5 位,排名全国前十位,分别位列第 6 位、第 9 位和第 10 位。

　　高技术企业出口总额反映区域的创新能力,尤其是技术创新有助于提升产品竞争力,扩大区域对外贸易,吸引外资投入,是影响区域经济开放度的重要因素之一。数据显示(图6-2):排名前3位的分别是江苏、浙江、上海。其中排名第1的江苏,2020年高新技术产业发展加快,组织实施前沿引领技术基础研究专项、前瞻性产业技术创新专项和重大科技成果转化专项共209项,省级拨款10.5亿元。2020年认定高新技术企业13042家,大中型工业企业和规模以上高新技术企业研发机构建有率保持在90%左右,国家级企业研发机构达163家,位居全国前列。全省已建国家级高新技术特色产业基地172个。浙江、上海紧随其后,高技术企业总出口额分别为6.8157亿元和2.8822亿元。可以看出,长江经济带下游省市经济较为发达,创新能力较强,高新企业数量多,出口总额较大,对外开放经济发展较好。中游地区的江西、湖北、湖南3省高新技术企业出口额低于下游地区,分别为1.3359亿元、1.2214亿元和0.9643亿元。长江上游地区的4省市,除了四川高技术企业出口总额为1.4872亿元,位列第5位,其余3省市高技术企业出口总额较低,与长江下游、中游地区省市相比差距较大。

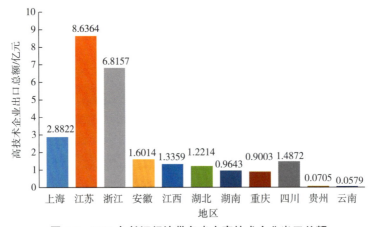

图6-2　2020年长江经济带各省市高技术企业出口总额

　　实际利用外资额是指在与外商签订合同后,实际到达的外资款项,能直接反映出地区外资利用水平,是影响地区经济对外开放程度的关键因素之一。2020年我国成功应对新型冠状病毒感染带来的严重冲击,全国实际利用外资9999.8亿元人民币,同比增长6.2%(折合1443.7亿美元)。

　　从长江经济带11个省市数据来看(图6-3),江苏的实际利用外资额排名第1,高达283.8亿美元,增长8.6%;紧随其后的是湖南和上海,排名第4位、第5位、第6位的分别是安徽、浙江、江西,均高于全国平均水平42.46亿美元,其中,浙江实际利用外资157.85亿美元,增长16.4%。制造业实际利用外资50亿美元,增长13.7%。第三产业投资项目2386个,占外商直接投资项目总数的84.6%,合同外资253亿美元,下降22.9%,占合同外资总额的72.0%,实际使用外资103亿美元,增长16.8%,占实际外资总额的65.5%。长江上游地区的贵州和云南两地实际利用外资额不仅低于全国平均水平，而且与长江下游、中游地区相比仍存在较大差距。

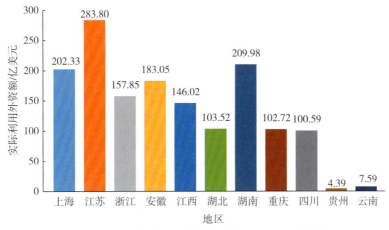

图 6-3　2020 年长江经济带各省市实际利用外资额

二、交通物流水平

交通物流水平在一定程度上反映交通运输及物流业的发达程度与活跃程度，是对外开放的软性环境之一。包含地区的货物运输能力、港口生产能力以及交通运输业发展水平，选取货物周转量、港口货物吞吐量和旅客周转量 3 个指标，2020 年长江经济带各省市交通物流水平的主要指标见表 6-2。

表 6-2　　　　　　　　2020 年长江经济带各省市交通物流水平主要指标

地区	货物周转量/亿吨公里	港口货物吞吐量/万吨	旅客周转量/亿人公里
上海	32795.00	71669.9	114.56
江苏	10895.72	296553	943.15
浙江	12324.24	185456	674.09
安徽	10241.67	54095	697.29
江西	4010.78	18755	631.35
湖北	5294.95	37976	533.92
湖南	2602.20	13580	834.61
重庆	3527.39	16498	271.11
四川	2861.32	1360	560.29
贵州	1265.11	23.39	524.47
云南	1579.74	719	263.72

货物周转量是反映运输业生产总成果的重要指标,是衡量物流业发达程度与活跃程度的重要因素之一。华经产业研究院数据显示:2020 年全国的货物周转量合计为 202211.3 亿吨公里,较上年增加了 2817 亿吨公里,同比增长 1.4%。长江经济带货物周转量逐年提升,2020 年远超全国平均水平。

2020 年货物周转量排名第一的地区是上海,为 32795 亿吨公里(图 6-4),占全国比重的 16.2%,是排名第 2 的浙江货物周转量的 3 倍左右。位居第 3、第 4 位的分别为江苏和安徽。江苏交通运输业总体平稳。2020 年货物周转量为 10895.72 亿吨公里,增长 3.8%。长江中游地区的湖北、江西、湖南货物周转量分别位居第 5、第 6 和第 8 位,总体来看,2020 年受全球新型冠状病毒感染冲击影响,中游地区货物周转量较前两年略有下降。上游地区的重庆排名第 7 位,2020 年货物周转量 3527.39 亿吨公里,其余 3 省排名靠后,但整体来看,长江经济带各省市 2020 年货物周转量均高于全国平均值,说明长江经济带整体运输业产值较高,物流业较发达,交通运输活跃度较高。

图 6-4　2020 年长江经济带各省市货物周转量

港口货物吞吐量是衡量港口生产能力大小的重要指标,能反映地区物流业的发达程度,是影响地区对外开放程度的关键因素之一。根据交通运输部数据显示,2020 年全国港口累计完成货物吞吐量 145 亿吨,比 2019 年同期增长 4.3%,全国港口累计完成集装箱吞吐量 2.6 亿国际标准箱,比 2019 年同期增长 1.2%。

长江经济带 2020 年港口货物吞吐量占全国总量的 48%,排名第 1 位的是江苏,为 296553 万吨,增长 4.7%;其中,外贸货物吞吐量 5.6 亿吨,增长 4.0%;集装箱吞吐量 1895.0 万 TEU,增长 0.9%。紧跟其后的分别是浙江和上海,位列第 2 位、第 3 位,其中,浙江全省港口货物吞吐量 185456 万吨,增长 6.0%,上海 2020 年完成港口货物吞吐量 71669.9 万吨,比上年下降 0.5%,集装箱吞吐量 4350.34 万国际标准箱,增长 0.5%。湖北、江西、湖南港口货物吞吐量分别为 37976 万吨、18755 万吨和 13580 万吨，分别位居第 4 位、第 5 位和第 6 位(图 6-5)。

图 6-5　2020 年长江经济带各省市港口货物吞吐量

旅客周转量反映一定时期内旅客运输的工作总量的指标，可以直接反映交通运输业的发展水平。江苏 2020 年旅客周转量为 943.15 亿人公里，湖南旅客周转量为 843.61 亿人公里，分别位居第 1 位和第 2 位。安徽旅客周转量为 697.29 亿人公里，浙江旅客周转量为 674.09 亿人公里，分别位居第 3 位和第 4 位。江西旅客周转量位 631.35 亿人公里，位居第 5 位。这说明长江中、下游地区的旅客周转量较大，反映出该地区的交通运输业较为发达。长江中、上游地区的四川、湖北、贵州、重庆周转量分别为 560.29 亿人公里、533.92 亿人公里、524.47 亿人公里、271.11 亿人公里，分别位居第 6 位、第 7 位、第 8 位、第 9 位(图 6-6)。

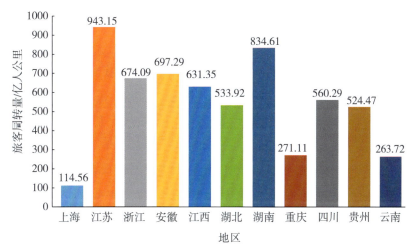

图 6-6　2020 年长江经济带各省市旅客周转量

三、经济外向度

经济外向度反映一个国家或地区的经济与国际经济联系的紧密程度,是衡量一个国家或地区开放型经济发展规模和发展水平的宏观指标之一。包含对外承包工程实际完成营业额、外贸依存度两个指标。2020年长江经济带各省市经济外向度的主要指标见表6-3。

表 6-3   **2020 年长江经济带各省市经济外向度主要指标**

地区	对外承包工程实际完成营业额/百万美元	外贸依存度
上海	9671	0.9011
江苏	6244.28	0.4333
浙江	6578.86	0.5239
安徽	2502.22	0.1409
江西	4063.73	0.1567
湖北	6414.7	0.0991
湖南	10546	0.1169
重庆	572.23	0.2605
四川	5180.56	0.1664
贵州	974.71	0.0307
云南	970	0.1098

对外工程承包是一项综合性的国际经济合作方式,通过对外国际承包工程,可以实现技术、劳务、设备及商品等多方面的出口,不仅能多创外汇,而且具有一定的政治影响。对外承包工程实际完成营业额是衡量地区对外投资合作的重要指标之一,能反映地区对外开放的经济价值和社会效应,是地区对外开放程度的影响因素之一。

长江经济带对外承包工程业务行业分布广泛,主要集中在交通运输建设、一般建筑、电力工程、石油化工等领域。其中,湖南对外承包工程实际完成营业额为 10546 百万美元,位居第 1 位,紧随其后的是上海,为 9672 百万美元。浙江、湖北、江苏对外承包工程实际完成营业额分别为 6578.86 百万美元、6414.7 百万美元、6244.28 百万美元,分别位居第 3 位、第 4 位和第 5 位。

总体来看,长江中、下游地区对外工程承包项目较多,对外投资合作较为频繁,对外开放程度较高。长江上游地区的重庆、贵州、云南对外承包工程实际完成营业额均低于全国平均值,与长江中游、下游地区相比仍存在差距(图 6-7)。

图 6-7　2020 年长江经济带各省市对外承包工程实际完成营业额

外贸依存度是反映一个地区的对外贸易活动对该地区经济发展的影响和依赖程度的经济分析指标。从最终需求拉动经济增长的角度看,该指标还可以反映一个地区的外向程度。

从整体来看,长江经济带上游、中游、下游外贸依存度差异明显。上海外贸依存度为 0.9011,浙江为 0.5239,江苏为 0.4333,远高于其他省市。重庆外贸依存度为 0.2605,位居第 4 位,仅为上海的 1/4。这说明长江下游地区外贸依存度较高,对外贸易活动对地区经济发展的影响和依赖程度较高,体现出较强的对外开放能力。长江上游地区的四川外贸依存度为 0.1664,位居第 5 位,长江中游地区的江西、湖南、湖北外贸依存度为 0.1567、0.1169、0.0991,分别位居第 6 位、第 8 位和第 9 位(图 6-8)。

图 6-8　2020 年长江经济带各省市外贸依存度

第二节　长江经济带对外开放指数上、中、下游分析

根据指数测算结果,2015—2020 年长江经济带对外开放指数整体呈上升态势(表 6-4),指数均值从 2015 年的 117.2 上升到 2022 年的 129.94,增幅 12.74,年均增长率为 2.05％。

表 6-4　　　　　2015—2020 年长江经济带和上、中、下游地区对外开放指数均值

区域	2015 年	2016 年	2017 年	2018 年	2019 年	2020 年	年均增长率/％
上游地区	82.37	80.68	81.68	84.23	84.48	84.88	0.60
中游地区	99.60	101.45	105.71	107.62	109.19	105.60	1.18
下游地区	165.84	166.24	176.87	185.05	190.61	193.26	3.11
长江经济带	117.42	117.46	122.85	127.27	129.81	129.94	2.05

上游地区、中游地区、下游地区对外开放指数均值均有不同程度的增长,其年均增长率分别为 0.60％、1.18％、3.11％。其中,下游地区的对外开放指数最高,2020 年其数值比长江经济带均值高 64.02,且年均增长率最高;中游地区对外开放指数居中,其指数均值低于长江经济带总体均值24.34;上游地区对外开放指数最低,其指数均值不仅低于长江经济带中、下游地区均值,仅不到长江下游地区均值的1/2,且指数均值低于长江经济带总体均值,年均增长率也最低。

一、上游地区对外开放指数分析

根据测算结果,2015—2020 年长江经济带上游地区 4 省市对外开放指数得分情况见表 6-5 和图 6-9。

从对外开放指数得分情况来看,上游地区 2015—2020 年对外开放指数整体呈上升趋势,重庆、四川年均增长率分别为 0.4％和2.07％。重庆排名由 2015 年下降 1 个位次,四川由 2015 年到 2016 年上升 1 个位次,之后连续 3 年保持第 8 位,到 2020 年上升 1 个位次,居第 7 位。云南、贵州排名稳定,2015—2020 年排名均无变化,在长江经济带位次偏后,排名第10 位、第 11 位。

表 6-5　　　　2015—2020 年长江经济带上游 4 省市对外开放指数得分情况和排名情况

省市	2015 年		2016 年		2017 年		2018 年		2019 年		2020 年	
重庆	92.53	8	89.27	9	91.30	9	92.88	9	93.61	9	94.39	9
四川	92.52	9	91.39	8	92.33	8	97.56	8	98.49	8	102.49	7
贵州	70.19	11	69.47	11	70.46	11	72.24	11	71.90	11	70.07	11
云南	74.26	10	72.60	10	72.64	10	74.23	10	73.91	10	72.55	10

图 6-9　2015—2020 年长江经济带上游 4 省市对外开放指数变化情况

从增速上来看(表 6-6),2015—2020 年四川不仅对外开放指数得分逐年上升,从 2015 年的 92.52 上升到 2020 年的 102.49,年均增长 2.07%,属上游地区年均增速最快的地区,而且排名从 2015 年的第 9 位到 2020 年的第 7 位,上升 2 个位次,2020 年超出上游地区对外开放指数均值 17.61,在上游地区名列第 1 位。2015—2020 年重庆对外开放指数呈逐年上升趋势,且高于上游地区指数均值,位居第 2 位,但在长江经济带总体排名中由 2015 年第 8 名下降至第 9 名,年均增速也低于上游地区均值年均增速。2015—2020 年贵州、云南对外开放指数呈下降趋势,在上游地区排名第 4 位、第 3 位。年均增速呈现负增长,分别为 −0.03% 和 −0.46%,排名在长江经济带靠后位次。

表 6-6　　　　2015—2020 年长江经济带上游 4 省市对外开放指数年均变化情况

省市	2015 年	2016 年	2017 年	2018 年	2019 年	2020 年	年均值	年均增速/%
重庆	92.53	89.27	91.30	92.88	93.61	94.39	92.33	0.40%
四川	92.52	91.39	92.33	97.56	98.49	102.49	95.80	2.07%
贵州	70.19	69.47	70.46	72.24	71.90	70.07	70.72	−0.03%
云南	74.26	72.60	72.64	74.23	73.91	72.55	73.37	−0.46%
均值	82.38	80.68	81.68	84.23	84.48	84.88	83.05	0.60%

二、中游地区对外开放指数分析

根据测算结果,2015—2020 年长江经济带中游地区 3 省对外开放指数得分情况见表 6-7 和图 6-10。

表 6-7　　　　　2015—2020 年长江经济带中游 3 省对外开放指数得分情况和排名情况

省市	2015 年		2016 年		2017 年		2018 年		2019 年		2020 年	
江西	93.81	7	95.91	7	98.72	7	101.13	7	102.85	7	102.20	8
湖北	102.16	6	104.26	5	109.71	5	112.38	5	112.94	5	107.15	6
湖南	102.82	5	104.17	6	108.69	6	109.36	6	111.78	6	107.45	5

图 6-10　2015—2020 年长江经济带中游 3 省对外开放指数变化情况

2015—2019 年中游地区 3 省对外开放指数呈上升态势,2020 年受全球新型冠状病毒感染影响,对外开放指数略有下降,但整体来看,中游地区对外开放指数年均增速明显,2015—2020 年,中游地区对外开放指数均值年均增速达 1.19%。从对外开放指数变化情况来看,湖南 2020 年对外开放指数排名上升 1 个位次,位列第 5 位,在长江经济带整体排名中处于中间位置;江西和湖北 2020 年对外开放指数排名有所下降,分别下降 1 个位次,位列第 8 位和第 6 位。

从对外开放指数数值来看(表 6-8),中游 3 省对外开放程度具有明显差异,湖北、湖南 2020 年对外开放指数分别为 108.1 和 107.38,分别位居第 6 位和第 5 位,年均增速分别为 0.96% 和 0.88%,对外开放程度差异不大,处于整个长江经济带的中位水平。江西 2020 年对外开放指数为 99.1,均低于湖北、湖南的对外开放指数,排名也处于中游 3 省末位水平,在整个长江经济带排名靠后,但其年均增速在中游 3 省中位列第一,年均增速达到 1.73%,比中游地区均值的年均增速高 0.54%,指数增幅最大,增速最高。

表 6-8　　　　　2015—2020 年长江经济带中游 3 省对外开放指数年均变化情况

省市	2015 年	2016 年	2017 年	2018 年	2019 年	2020 年	年均值	年均增速/%
江西	93.81	95.91	98.72	101.13	102.85	102.20	99.10	1.73
湖北	102.16	104.26	109.71	112.38	112.94	107.15	108.10	0.96

续表

省市	2015 年	2016 年	2017 年	2018 年	2019 年	2020 年	年均值	年均增速/%
湖南	102.82	104.17	108.69	109.36	111.78	107.45	107.38	0.88
均值	99.60	101.45	105.71	107.62	109.19	105.60	104.86	1.19

三、下游地区对外开放指数分析

根据测算结果,2015—2020 年下游地区对外开放指数得分和排名情况见表 6-9 和图 6-11。

表 6-9　　　　　　　　2015—2020 年长江经济带下游对外开放指数得分情况和排名情况

省市	2015 年		2016 年		2017 年		2018 年		2019 年		2020 年	
上海	171.11	2	163.63	3	178.49	3	181.04	3	186.30	3	187.54	3
江苏	215.94	1	219.05	1	231.12	1	243.85	1	252.07	1	253.51	1
浙江	165.24	3	168.90	2	182.39	2	195.86	2	203.94	2	211.00	2
安徽	111.08	4	113.37	4	115.49	4	119.45	4	120.14	4	120.96	4

图 6-11　2015—2020 年长江经济带下游 4 省市对外开放指数变化情况

2015—2020 年下游地区 4 省市对外开放指数整体呈上升态势,上海从 2015 年的 171.11 上升到 2020 年的 187.54,增幅 16.43;江苏从 2015 年的 215.94 上升到 2020 年的 253.51,增幅 37.57,浙江从 2015 年的 165.24 上升到 2020 年的 211.00,增幅 45.76,安徽从 2015 年的 111.08 上升到 2020 年的 120.96,增幅 9.88。上海、江苏、浙江、安徽 4 省市对外开放年均增长率依次为 1.85%、3.26%、5.01%、1.72%。

从对外开放指数得分情况来看,2015—2020 年,下游地区上海、江苏、浙江得分较高,且数值相差不大,其中江苏最高,浙江排第2位,上海位列第3位,安徽与前三者的对外开放指数存在一定差距,但差距呈逐渐缩小的态势;从对外开放指数排名情况来看,下游地区在长江经济带中处于领先水平,上海、江苏、浙江稳居前三位,安徽位列第4位。

从对外开放指数变化情况来看(表6-10),2020年上海对外开放指数得分187.54,位列长江经济带第3位,较2015年相比下降了1个位次。江苏2020年对外开放指数为253.51,是下游地区对外开放指数最高的地区,年均增速为3.26%,比下游地区均值年均增速高出0.3%,对外开放指数排名稳居长江经济带第1位,对外开放程度较高。浙江2020年对外开放排名较2015年上升了1个位次,自2016年以来稳居长江经济带第2位,2015—2020年对外开放指数年均增长率为5.01%,是下游地区年均增长率最高的地区,且比下游地区均值年均增长率高出2.05%。安徽2020年对外开放指数得分为120.96,在长江经济带排名稳居第4,对外开放指数呈明显上升趋势,2015—2020年对外开放指数年均增长率为1.72%,在下游地区排名第4位。

表6-10　　　　2015—2020年长江经济带下游4省市对外开放指数变化情况

省市	2015年	2016年	2017年	2018年	2019年	2020年	年均值	年均增速/%
上海	171.11	163.63	178.49	181.04	186.30	187.54	178.02	1.85%
江苏	215.94	219.05	231.12	243.85	252.07	253.51	235.92	3.26%
浙江	165.24	168.90	182.39	195.86	203.94	211.00	187.89	5.01%
安徽	111.08	113.37	115.49	119.45	120.14	120.96	116.75	1.72%
下游地区均值	165.84	166.24	176.87	185.05	190.61	193.25	179.60	2.96%

第三节　长江经济带对外开放发展的典型实践

一、湖北打造自贸区升级版建设内陆开放新高地

湖北按照党中央部署要求,紧跟国家对外开放战略的步伐、坚持思想破冰、抓住机遇改革创新,深入实施创新发展战略,大力培植对外开放新优势,加快打造自贸区升级版,全面提升对外开放水平,积极打造内陆开放新高地。2017年4月1日,中国(湖北)自由贸易试验区于正式挂牌,总面积120平方千米。截至2020年2月,湖北自贸区累计新增企业47273家,是原有企业存量的1.7倍。新设外商投资企业279家,占全省同期新设外资企业数的24.8%;实际使用外资41.3亿美元,占全省同期累计实际使用外资的12.4%;累计进出口额3117.4亿元,占全省同期累计进出口总额的30.2%,显现出强劲的对外开放高地效应。

(一)打通对外开放的"黄金大通道"

近年来,湖北积极支持"水铁公空"四路竞相齐发,助推湖北多式联运,打造连江达海物

流大通道。

一是助推铁水联运,打造长江中游航运中心。积极推动铁水口岸基础设施建设和武汉多式联运海关监管中心建设,加强铁水联运通关便利化,支持武汉阳逻港、宜昌白洋港等铁水联运、江海直达示范项目快速扩量。试行进口货物"上海—武汉—成都"转运,运输成本下降20%。2020年12月21日,武汉至匈牙利的首趟中欧班列正式开通。

二是助推空陆联运,打造物流分拨快速通道。依托天河机场和湖北国际物流核心枢纽,探索实施"同场共线"等海关监管创新举措,实现快速通关、即达即放。2020年12月17日,恩施开通近3个月来的第三条国际航线。

三是助推公铁联运,打造展示销售一体化平台。提升中欧班列(长江号)运营能力,2017年,武汉成为全国7个中欧班列协调委员会城市之一,自2012年开行至2021年底,中欧班列(武汉)共开行2334例,累计超过20万国际标准箱。同时,支持汉口北市场采购贸易试点等中小企业使用公铁联运开展进出口业务,支持湖北商品通过"市场采购""跨境电商""外综服"等新业态打响外贸知名度。

(二)强化自贸区制度创新供给

湖北自贸试验区于2017年4月1日挂牌以来,把制度创新作为湖北自贸试验区建设的核心任务。三年来,自贸试验区的建设通过围绕产业发展、对标国际一流营商环境,取得了一大批创新成果,在政府职能转变、投资贸易自由化便利化、金融服务业、实体经济等领域形成了"先出区、后报关""先放行、后改单""网上金融服务平台"等329项制度创新成果。其中"先出区、后报关""先放行后改单"等17项成果得到了国家层面的采纳和推广。

一是继续坚持创新驱动和改革开放两轮驱动。巩固提升"放管服""一网通办""鄂汇办"等改革成果,继续创新自贸区发展体制机制,做好中国—北欧经贸合作论坛、中印武汉对话会、华创会、楚商大会等活动,继续推进"百展行动",重点开拓"一带一路"市场,继续完善跨境电商产业生态链,健全"一站式"外贸综合服务体系,打造湖北国际经贸合作和经济竞争的新优势。2018年中国中部国际产能合作论坛暨企业对接洽谈会在湖北召开,这次论坛,嘉宾规格高,人数多;项目推介多,成果多。共签约65个项目,签约金额1427亿元,成为湖北迄今最大规模的对外开放活动。

二是全面优化提升营商环境。利用数字化技术推进各种商业管理,由"人管"到"机管",减少人为因素和提升办事效率;继续构建提升"亲""清"新型政商关系,统筹优化提升执政环境和市场环境,让行政服务更好地助力市场主体的发展。

三是促进湖北和沿海城市交流互动。加快湖北自贸区改革创新,建设一批新综合保税区,提升湖北和欧美、日韩交通连接紧密性和通达性,推进湖北沿"一带一路"对外投资项目实施,打造国际友城合作新空间。

四是不断推进友城建设,扩大国际朋友圈。截至目前,湖北已与世界五大洲42个国家的 26 个省(州、大区、县)74 个城市建立了 100 对友好城市。2020 年,日本关西地区"对话湖北"、华创会、军运会等重要国际性活动纷纷举行,德国总理默克尔等国际政要访问湖北,引起世界关注。

(三)战略性新兴产业和高技术产业基地正在形成

2017 年 3 月,国务院正式批复设立湖北自贸试验区,确立成为中部有序承接产业转移示范区、战略性新兴产业和高技术产业集聚区、全面改革开放试验田和内陆对外开放新高地的战略定位。

一是以总部经济为着力点,完成信息技术全产业链布局。武汉片区以大力发展总部经济为着力点,积极推动项目开工建设,逐步完成"芯片—显示—智能终端"新一代信息技术全产业链布局,正朝着打造长江经济带世界级产业集群迈进;二是聚焦新能源汽车产业。襄阳片区着力打造区域性生产性服务业基地,同时还聚焦于新能源汽车产业的发展,其 2018 年规模以上新能源汽车产值 143.6 亿元,同比增长 26.8%,正全力打造"中国新能源汽车之都";三是重点打造高新技术产业集群。宜昌片区重点推进生物医药、智能制造、现代物流等相关产业发展,其目前拥有全球最大的金刚石锯片基体生产出口基地和全球第三大钢琴生产基地等多个亚洲第一的高新技术产业集群。

(四)营造良好的创新氛围

一是专利申请数位于全国前列,创新氛围高涨。截至 2019 年底,湖北自贸试验区累计新增专利申请 71720 件、累计新增专利授权 33922 件、累计新增高新技术企业 2537 家。在全国前四批 12 个自贸试验区中,湖北自贸试验区新增专利申请、新增专利授权均排名第一,高新技术企业实现主营业务收入排名第二。此前,在湖北省知识产权局发布的《2018 年 9 月湖北省专利申请、授权情况》显示,2018 年 1—9 月,武汉光谷专利申请量达 21957 件,同比增长超过 17.3%。其中,发明专利申请 13180 件,同比增长 18.1%。湖北省发明专利申请前四均被武汉自贸片区所承包,表明自贸区目前创新氛围高涨。同时,2019 年 7 月,国家外汇管理局湖北省分局在湖北自贸区推出系列外汇创新业务,进一步提高了自贸区内企业跨境融资的便利度,对降低资金使用成本提升效率,有效防范汇率风险,提供了制度保证。实现了从简化外汇登记管理,到提高投融资便利性吸引外资流入,再到帮助企业防范汇率风险的创新性变革。

二是重视人才的引进与知识产权的保护。湖北自贸试验区大力招才引智,建立海外人才工作站,实施外籍高层次人才申请永久居留"直通车"服务。促进人才集聚于自贸区,进一步推动湖北产业的蓬勃发展。截至目前,湖北自贸试验区共集聚 4 名诺贝尔奖得主、66 名中外院士、400 余名国家级高层次人才、7000 多个海内外人才团队。通过引进高端人才来成为区内产业发展的核心动力。此外自贸区也更加重视知识产权的保护,建立知识产权保护机制,推动知识产权质押融资。目前,自贸试验区内的知识产权质押融资额约占全省总数的

80%。各片区还设立了知识产权服务工作站,搭建了集知识产权申报、运用、保护、管理、服务于一体的知识产权公共服务平台。

二、上海构建更开放更便捷更坚韧的对外开放新格局

上海长期以来是我国对外开放的前沿阵地和示范高地。上海口岸的进口贸易占了全国近三成,70%的进口服装、53%的进口化妆品、37%的进口汽车从上海进口销往中国各地。2020年,上海口岸货物进出口总额87463.10亿元,比上年增长3.8%,继续保持世界城市首位。作为改革开放的"桥头堡",上海正在加快构建更开放、更便捷、更坚韧的对外开放新格局。

(一)持续提升中国(上海)自由贸易试验区建设水平

2020年,中国(上海)自由贸易试验区建设七年来,围绕党中央的重大战略部署先后推进实施了1.0版、2.0版、3.0版等三个总体方案,进一步深化自贸区试验区制度创新、改革集成,不断增创国际开放合作和竞争新优势,为上海加快打造国内大循环中心节点和国内国际双循环战略链接发挥更大作用。

一是投资环境进一步优化。率先建立健全《浦东新区代理记账行业综合监管办法》及配套制度,依托代理记账行业综合监管平台,实现可视化、智能化、协同化、精准化的全过程闭环监管,改革后由原来3个工作日压缩至0.5个工作日,部分变更和备案事项实现即到即办,审批效率全市领先。海关优化服务推动首票中欧班列运输整车入区,优化通关流程,充分发挥"汽车保税仓储+集中汇总征税"组合政策优势和"大车拉小车"模式,完成4台意大利法拉利整车运输。

二是金融市场进一步开放。自由贸易账户功能持续发挥,首批保险机构接入自贸区试验区分账核算单位,自此实现银行、证券、保险三类金融机构全覆盖。截至2020年底,累计开立FT账户13.2万个,全年跨境人民币结算总额54311.8亿元,比上年增长4.3%,占全市比重为41.4%;跨境人民币境外借款总额6.7亿元,比上年下降84.2%。上海首单自贸区人民币债券获批发行。

三是贸易服务体系不断完善。2020年8月30日,国务院正式批复同意上海外高桥保税物流园区转型为上海外高桥港综合保税区。自贸文投平台作用显现,先后推出艺术品进出口批文申办5个工作日完成、艺术品进境免除CCC证明、艺术品进出境备案免除文广局批文等贸易便利化创新措施,进出境文化艺术品量从上年的61件增加至2020年的2234件,占全国总量90%,保税区文化艺术品累计进出境货值逾480亿元。

(二)构筑对外开放新平台

积极发挥口岸特色和优势。2018年,上海召开进一步扩大开放推进大会,并发布《上海市贯彻落实国家进一步扩大开放重大举措加快建立开放型经济新体制行动方案》(简称"上

海扩大开放 100 条")打造一批高水平对外开放平台。

一是高水平开放平台建设多点开花。2019 年临港新片区揭牌,2021 年虹桥国际开放枢纽启动,2018—2021 年连续四届进博会召开。来自 124 个国家(地区)的企业踊跃参展,二十国集团、金砖国家、上合组织全部成员国均有企业参展,数十家龙头企业连续签约未来三届。上按一年计,累计意向成交 711.3 亿美元,比首届增长 23%。

二是打造一站式交易促进服务平台。为国外商品和服务进入中国市场提供多渠道、多模式、多元化的服务。探索建立"6 天+365 天"展示交易的常态化制度安排,支持开展保税展示展销常态化运行,按照国际一流标准不断提升平台的服务能力。

三是全面推进药品医疗器械进口枢纽口岸建设。"上海扩大开放 100 条"和百姓就医密切相关。上海将包括争取对临床急需境外已上市且在我国尚无同品种产品获准注册的抗肿瘤新药,在上海先行定点使用。对正在开展临床试验的、用于治疗严重危及生命且在我国尚无同品种产品获准注册的医疗器械,争取在上海开展拓展性使用。

(三)构建对内、对外开放的大格局

2018 年,上海出台《上海市贯彻落实国家进一步扩大开放重大举措 加快建立开放型经济新体制行动方案》。上海依托国家对外开放大战略,紧紧围绕行动方案,近年来聚焦金融业开放合作、构筑更加开放的产业体系、建设知识产权保护高地、创造一流营商环境 4 个方面,全面构建对内、对外开放的大格局。

一是提升金融中心能级。2020 年 1 月 8 日,上海市发布《加快推进上海金融科技中心建设实施方案》,将力争用 5 年时间成为金融科技的技术研发高地、创新应用高地、产业集聚高地、人才汇集高地、标准形成高地和监管创新试验区,将上海建设成为具有全球竞争力的金融科技中心。积极推动金融科技公司落户上海。目前,已有多家大型互联网公司金融科技子公司落户上海。交银金科、汇丰金科两家金融科技子公司等陆续落地。推动建立各类产业技术合作联盟平台,先后成立了金融科技产业联盟、智能投研技术联盟等。

二是构筑更开放的产业体系。加快实施汽车、飞机、船舶产业对外开放。2018 年 7 月,特斯拉与上海临港管委会、临港集团共同签署了纯电动车项目投资协议。创新发展高端绿色进口再制造和全球维修业务。上海实行在特定区域、特定企业中试点先行。在海关特殊监管区域内开展保税维修业务的基础上,进一步支持有条件的海关特殊监管区外企业开展高附加值、高技术含量、无污染产品的保税维修业务,实施以企业集团为单元的保税维修监管新模式。进一步放宽服务业市场准入。提出了投资性公司、培训机构、增值电信、工程设计、法律服务、人才中介、国际运输等领域的开放举措。

三是建设高标准知识产权保护高地。强化知识产权海外维权能力,提高知识产权保护的有效性,加强知识产权刑事自诉案件的审判,开展"清风""龙腾"等专项行动。构筑开放引领的知识产权公共服务平台,进一步提升知识产权服务功能。目前,上海已建成上海自贸试

验区版权服务中心;在上海设立的商标马德里国际注册窗口的功能,争取受理范围向长三角和华东地区辐射。

四是创造一流的外资营商环境。支持鼓励各领域创新突破。充分发挥改革开放试验田和创新发展先行者作用,鼓励先行先试,打造创新制度高地。比如,支持浦东新区试点知识产权综合行政执法、先行调解等机制和模式创新,开展科创板上市企业知识产权服务等改革。优化业务流程、改造业务办理系统、深化数据共享应用。充分依托"一网通办"平台,通过优化业务流程、改造业务办理系统、深化数据共享应用等方式,深化推进营商环境改革专项行动。开办企业、获得施工许可、获得电力、跨境贸易、财产登记等领域,企业平均办事时间缩短一半,手续环节平均减少40%。办事时间平均压缩了52.8%。除了在注册环节为企业设立跑出新速度,更注重在企业发展环节给予更专业、更大的帮助。如浦东张江人工智能岛,是国内首个"5G+AI"全场景应用示范园区,不到一年时间"岛"上就接近满员,IBM、微软、阿里巴巴等20多家人工智能领域头部企业先后入驻成为"岛民"。

三、重庆加快建设内陆国际物流枢纽和口岸高地

重庆紧扣习近平总书记提出的"两点""两地""两高"要求,以铁路为纽带串联航空、内河、公路等运输方式发展多式联运,积极构建对外开放通道,打造内陆国际物流枢纽;构建"1277"国家级开放平台体系,不断深化开放平台能级,提增开放发展承载力;进一步提升"大通关"能力,加快内陆国际口岸高地建设,全力打造内陆开放高地等方面取得明显成效,在新一轮开放布局和城市竞争中脱颖而出。

(一)拓展开放大通道,打造内陆国际物流枢纽

一是不断拓展渝新欧国际贸易大通道功能。"渝新欧"作为首条中欧班列,其开行数量、货值、速度等各项主要指标均居中欧班列第一位,助推重庆成为中欧贸易往来的桥头堡。此外,重庆在全国率先运行国际行邮班列,设立意大利、俄罗斯、匈牙利分拨点,加大货源组织,实现中欧班列常态化运行。

二是强化航空枢纽功能。重庆以江北国际机场为核心,以巫山、武隆、黔江、万州机场为支线,构建"一大四小"的航空格局,重庆江北机场第五航权、T3航站楼和第三跑道落地,以满足年旅客吞吐量7500万~8000万人扩建,为重庆打造内陆开放高地提供基础保障。

三是发展以铁路为纽带的多式联运体系。以中欧班列(重庆)为核心,开通重庆东盟公路班车亚欧线、"中欧班列(重庆)+4小时航空"、渝甬沿江铁海联运国际班列布局,畅通公铁、空铁、铁水/铁海联运通道,实现中欧国际货运大通道与"一带一路"、长江黄金水道的无缝连接。

(二)建设开放大平台,增强开放发展承载能力

一是拓展中新战略性示范平台功能。落地中新(重庆)战略性互联互通示范项目,围绕

金融、航空、交通物流和信息通信领域,构建中新"4+N"全面合作网络。争取到国家有关部委支持的创新举措57条,新加坡政府对等支持的政策11条,签约118个重点项目、总额214亿美元,完成首家企业赴新上市。

二是积极争取改革创新试点。获批开展贸易多元化试点、跨境电子商务综合试验、加工贸易承接转移示范、深化服务贸易创新发展试点、国家自主创新示范、汽车平行进口试点等重大改革试点。

三是拓展保税港区多元化功能。以两路寸滩保税港区、西永综合保税区和团结村铁路保税物流中心三大保税区为依托,深化保税(港)区平台功能,成功探索形成"保税+展示交易""保税+跨境电商""保税+金融结算""保税+融资租赁""保税+文化贸易""保税+总部贸易、转口贸易"等"保税+"产业集群。

(三)完善大通关建设,推动跨境贸易便利化

重庆在口岸基础设施智能化建设和制度创新等两个方面推进大通关建设,加快提升重庆跨境贸易便利化水平。

一是拓展口岸功能。建成7个口岸和11个具有口岸功能的场所,其中5个口岸开放项目纳入《国家口岸发展"十三五"规划》。建成16项指定口岸或口岸拓展功能,包括汽车整车、冰鲜水产品等8类特殊商品进口指定口岸,江北机场5项特殊功能以及保税区内3项口岸拓展业务试点。

二是启动智能口岸建设,在口岸现场逐步改造建设智能作业平台和智能查验平台,通过安全智能锁、智能卡口、智能岸桥设备等,实现顺势监管、精准监管、隐形监管、无感通关。实施"互联网+易通关"改革,大力推行通关作业无纸化,着力打造"e海关"。

三是持续创新通关便利化举措。全面实施海关通关一体化改革,创新实施海关监管"四自一简"、检验检疫"3C(强制性产品认证)免办"等措施。上线运行国际贸易单一窗口,与20多个欧洲国家实现海关关检互认、信息共享、执法互助,形成了"一次报关、一次查验、一次放行"的"一卡通"通关模式。

(四)持续优化投资服务,提升双向投资水平

相继出台了《内陆开放高地建设行动计划(2018—2020)》《重庆市进一步鼓励外商投资若干政策规定》等文件,积极探索具有内陆特点的双向投资创新举措。

一是探索形成招商引资"五新模式"。探索形成资本+股权、整机+配套、资源+项目、订单+政策、金融+市场的招商引资"五新模式"和专项、专人、专事、专业、专款的"五专机制",设立800亿战略性新兴产业投资资金和200亿产业引导股权投资基金,吸引了京东方、瑞士皮拉图斯飞机、霍尼韦尔等重大项目落户。

二是打造"五园合一"新型园区。坚持"产城融合"发展理念,打造集制造园、研发园、物流园、家园、生态园"五园合一"的新型园区,为产业入驻搭建了优质的承接载体。建设中德、

中韩、中日、中瑞、中意、中新等国别产业园,围绕技术研发、生产经营、服务网络、贸易流通、人才服务等领域,以"一个国别产业园＋一个风情小镇"模式,营造良好的投资环境。

三是设立跨国并购基金助力企业走出去。成立由政府主导的500亿元规模的海外并购基金,该基金由国有资本和民间资本联合发起设立,采用基金管理公司、封闭式母基金和开放式子基金三级运营模式,引入摩根士丹利、高盛资本、ING、中金公司等国内外知名基金公司或投行深度参与。

(五)聚焦高端产业链,积极培育贸易新业态

依托保税和贸易多元化试点功能,重庆加快发展总部及转口贸易、加工贸易、保税展示交易、保税维修、跨境电商等新型贸易业态,持续提升服务贸易的规模和水平。

一是发展总部贸易和转口贸易。出台促进总部贸易转口贸易发展的实施意见,从财税政策、金融支持、配套服务等方面吸引大型供应链企业、贸易集成商和大型工程承包企业来渝设立区域总部,开展国际贸易采购、分拨、中转、销售、结算业务。

二是创新内陆加工贸易发展方式。获批加工贸易承接转移示范地,一般纳税人资格试点政策和内销选择性征收关税政策,推动加工贸易由水平分工变为垂直整合,向产业链、价值链高端拓展。创新"产业链＋价值链＋物流链＋信息链＋资金链"的内陆加工贸易发展方式,实施仓储企业联网监管,实行加工贸易工单式核销。创新保税加工业务模式,发展"委内加工"、非国产货物进境入区维修、国际分拨中转等新业态,实现区内外联动发展。2017年,重庆市加工贸易进出口2074.4亿元,增长25％,占同期重庆市外贸总值的46％。

三是用好服务贸易创新发展试点政策。推进离岸结算、跨境电子商务结算、跨境人民币结算、第三方支付结算、跨国公司本外币资金集中运营。创新离岸金融资金运用方式,重庆物流金融公司推出全球首创的铁路提单国际信用证和风控模式,使得银行可放心向持有铁路提单的进口企业开立国际信用证。

四、江苏以高水平对外开放促经济高质量发展

江苏作为开放型经济大省,2020年全省进出口总额44500.5亿元,对外贸易实现增长,全年新批外商投资企业3573家,比上年增长4.8％,新增"一带一路"沿线对外投资项目247个,利用外资稳步增长。近年来,江苏贯彻落实习近平总书记关于持续推进高水平对外开放的一系列重要讲话精神,积极畅通交通动脉、优化营商环境,促进贸易和投资自由化、便利化,全方位提升开放型经济能级和活力,构筑全面开放新格局。

(一)加快形成对外开放新优势

系统谋划"走出去"的战略布局,在保持和扩大既有优势的同时,使"走出去"成为新优势、自贸区提速提质成为新优势。

一是从"大进大出"转向"优进优出"。先进技术和装备、生产原料、优质消费品进口的快

速增长,为"江苏制造"转向"江苏创造"注入动能,也为满足人民群众消费升级需求、增加百姓获得感开辟了新途径。近年来,跨境电商、外贸综合服务体系、市场采购等贸易新业态、新方式,不断绘就新场景,推动"优进优出"站上新起点。2020年,江苏省出口总额为27444.3亿元,增长0.9%;进口总额17056.2亿元,增长5.5%,其中,机电和高新技术产品已占63.4%和39%。廉价、低端,不再是江苏出口的标签。

二是积极推动自贸区建设提速提质。着力在贸易便利化、产业创新发展、金融开放创新、跨境投资、知识产权保护、聚集国际化人才等方面开展特色化突破性制度创新,积极构建"一区四高地",即建设世界一流高科技产业园区,打造全方位开放高地、国际化创新高地、高端化产业高地、现代化治理高地。2020年,江苏高新技术出口总额不断提高,年认定高新技术企业13042家,大中型工业企业和规模以上高新技术企业研发机构建有率保持在90%左右,国家级企业研发机构达163家,位居全国前列。

(二)构建对外开放新格局

一是优化区域布局、支点城市布局、基础设施布局。加快推进物流通道建设,为构建新发展格局、建设现代流通体系提供保障。加快建设长江经济带集装箱运输新出海口,提升江苏沿海辐射长江中上游地区的能力,打造陆海统筹、江海联动的枢纽区域。

二是提升全省各地的开放能级。建成一批对外开放的强支点,提升内外联结水平。重点发展"一带一路"、长江经济带、长三角一体化的节点城市,目前已经形成一批对外开放能级高的节点城市。支持建设江苏重要出海门户,是南通参与、融入、服务"一带一路"交汇点建设的核心任务。2019年,通州湾新出海口将作为南通市"一号工程"全力推进,3条跨海高速公路、3条深水航道、3条江海联运通道和2条铁路货运通道建设陆续展开,10万吨级航道工程可研报告已完成,20万吨级航道升级等研究正在同步开展。

三是合理找准节点城市对外开放合作定位。进一步扩大对外开放。苏州、无锡、常州紧扣建成国际产能合作示范城市的定位,抢抓国际产业分工深度调整机遇,努力推进工程机械、轨道交通等装备制造企业以及轻纺、石化等优势企业有序健康"走出去",支持企业整合国际优质要素资源,构建集生产制造、营销推广等于一体的跨境产业链体系。

(三)构建对外开放新型载体

一是强化新产业支撑。积极引导外商投资战略性新兴产业,注重引资与引智、引技相结合,通过引入全球创新资源、打造国际合作平台、构建全球创新网络,构筑互利共赢的产业链、供应链合作体系,提升江苏制造在全球产业链、供应链、价值链中的位势和能级。

二是强化新交通赋能。以综合交通枢纽节点为依托,打造国际贸易中心新平台和国际消费中心,加快集聚跨国公司总部和功能性机构,提升国际会议会展功能,与江苏自贸试验区、"一带一路"改革开放试验区、"一带一路"新亚欧陆海联运通道等载体功能互补、协同推进。

三是强化新功能拓展。打造江苏商品、江苏投资、江苏服务品牌,重要的是培育一批新型服务贸易和投资促进开放载体。加快建设昆山国家进口贸易促进创新示范区,创新打造"长三角地区对接东盟货物贸易平台"。全面深化南京、苏州服务贸易创新发展试点,拓展特色服务出口基地。

四是强化新动能驱动。探索国际科技创新合作新模式,设立国际联合研究中心和海外研发基地,开展国际产学研联盟合作。积极推动与"一带一路"沿线国家和地区科技产业创新合作,建设科技合作与转化中心等科技信息共享、科技产业对接平台和"一带一路"数据中心。2020 年 11 月 11 日,由科技部与江苏省人民政府共同主办的中国·江苏第七届国际产学研合作论坛暨跨国技术转移大会在南京举办。

(四)打造一流营商环境

江苏深化"放管服"改革,进一步解放思想,用开放理念营造一流营商环境。

一是实施一系列"放管服"改革举措。全省力推"不见面审批"标准化,得到中央肯定,相关经验做法在全国推广;进一步丰富政策工具箱,落实"苏政 50 条""中小企业 22 条""指导意见 33 条"等政策,提高外商投资服务的科学性、精准性,用足用好出口退税、出口信用保险等政策工具,为外贸企业撑好"保障伞"。2020 年,江苏自贸试验区建设实施方案涉及南京片区的 113 项改革任务已实施 107 项,区内"1+9"政策 141 项改革措施已落地见效 121 项。

二是大力推动"互联网+政务服务"。进一步提高外资企业投资兴业的便利性和满意度。作为对外开放"试验田"的苏州工业园区设立"一站式"服务大厅,优化办理流程系统,整合服务体系,实现逾九成审批业务"不见面",成为全国首批"放管服"改革试点区域,基本实现"2333"行政审批速度。对标世界银行营商环境评价指标,其办事效率位居全球前列。

三是释放自贸区制度创新效能。江苏自贸试验区着力在营造国际化创新生态、打造"两城一中心"地标产业、建设一流人才高地等重点领域开展制度创新。在海外人才招引方面要更加开放,进一步探索建设创新创业"人才自由港",支持外籍人才在南京片区领衔和参与科技创新创业。在知识产权运营方面,加快建设国际知识产权公共服务与保护平台。在金融支持创新方面,重点推动私募股权转让平台建设,畅通资本循环,促进创新要素向片区集聚。紧紧围绕"基因之城、芯片之城"建设,重点创新平台建设,优化研发项目组织形式。加快打造基因与细胞实验室,推进基因与细胞基础研究和全球先进技术产业化进程,加快医药科技成果研发应用转化。2021 年 3 月 4 日,南京江北新区启动建设基因与细胞实验室,将进一步集聚全球优质创新资源、前沿技术项目,强化国际合作,加快研究成果转化。

第四节　推进长江经济带高水平对外开放的对策建议

长江经济带各省市应立足各自优势与特色,加快对外开放步伐,统筹沿海沿江沿边和内陆开放,构建高水平对外开放新高地。以自由贸易试验区建设为动力深化制度型开放,构建更高水平开放型经济新体制,以高水平、高质量对外开放赋能长江经济带高质量发展。

一、统筹沿海沿江沿边和内陆开放

一是充分发挥长三角对外开放新优势。发挥长三角经济开放水平高、市场机制作用强、改革创新意识足的优势,以及长三角自贸试验区特别是上海自贸试验区的制度创新优势,形成高标准贸易投资规则和制度体系,为长三角深入发挥开放引领作用打下坚实基础。

二是扩大沿江沿边省市与共建"一带一路"融合。以高标准可持续惠民生为目标,以中欧班列和西部陆海新通道建设为抓手,进一步融入共建"一带一路"互联互通,加快长江经济带上的"一带一路"倡议支点建设,扩大沿江省市与共建"一带一路"国家的贸易、投资和国际产能合作,促进健康、绿色、数字、创新等新领域合作。

三是进一步扩大内陆沿边开放。将扩大内陆沿边开放作为优化长江经济带区域开放布局的重点。加快培育更多内陆开放高地。一方面改善基础设施"硬件",做强向东开放通道、做实向西开放通道、做大向南开放通道、做优内陆开放通道、推进长江通关便利化,构建高水平对外开放运输体系,加大对内陆综合保税区等开放平台建设的支持;另一方面,着力提升营商环境"软件",深入实施外商投资准入前国民待遇加负面清单管理制度,落实准入后国民待遇,加快建设国际贸易"单一窗口",构建与国际通行规则相衔接的制度体系和监管模式,全面提升营商环境市场化法治化国际化水平。

二、构建高水平对外开放新高地

一是构建东西双向开放、陆海统筹兼顾的交通格局。加快推动长江经济带沿线向东、向西、向南、内陆四个方向的对外通道建设,向东重点建设以上海港为核心的外贸集装箱运输网络和以宁波舟山港为主体的大宗散货外贸运输网络;向西开放主要是做实与南亚、东南亚特别是东盟十国的交通基础设施联通;向南开放主要是加快西部陆海新通道建设;内陆开放主要是强化南北纵向通道与长江黄金水道的有机衔接。

二是统筹高质量引进来和高水平走出去。充分发挥中国国际进口博览会功能,增强进博会辐射带动作用,建设好进口贸易促进创新示范区,降低制度型交易成本,使长江经济带成为全球优质商品和服务的集聚场。立足长江经济带产业链供应链现代化要求,加大吸引高质量外资力度,为全国稳住外贸外资基本盘做出更大贡献。发挥沿江工程机械、轨道交通、高端装备、电子信息等多个产业集群优势,积极稳妥推动企业对外投资和工程承包,提升沿江企业国际化经营水平和统筹两个市场、两种资源的能力。

三是统筹特色开放和联动开放。在支持上、中、下游地区根据区位特点和要素禀赋探索差异化开放路径的同时，增强开放的联动性，用好省际协商机制，探索部门对接落实机制，将长江经济带打造成为各地优势充分发挥、相互之间紧密协作的对外开放走廊。鼓励长三角产业、资本、技术、管理等优质要素溯江而上，与中上游地区的劳动力、土地、资源优势紧密结合，在贸易、园区、航运、金融等领域构建高水平合作机制，为中上游地区更好地利用国际市场和资源提供支持。上游省市要成为中下游地区扩大陆路贸易的重要枢纽。支持云南建设成为面向南亚东南亚和环印度洋地区开放的辐射中心，提升长江经济带面向南亚东南亚开放水平。

三、构建更高水平开放型经济新体制

一是以自由贸易试验区建设为动力深化制度型开放。重点围绕推动贸易投资自由化、便利化进行制度创新，在对外开放压力测试、探索国际经贸新规则、有效防控风险等方面先行先试，为全国建设更高水平开放型经济新体制提供可复制推广的经验，强化通关部门协力互助，推进国际贸易"单一窗口"建设，优化通关流程、缩短通关时间、提升通关效率。推进口岸与物流通道、交通枢纽的有机联系、无缝对接。打通生产要素流动梗阻，促进投资贸易便利化，优化口岸营商环境，吸引人才、资金、货物、数据、信息等多要素集聚。

二是统筹商品要素流动型开放和规则标准制度型开放。在继续推动传统外贸高质量发展的同时，发挥沿江省市优势和特色，大力发展服务贸易，加快跨境电商、市场采购、外贸综合服务等新型贸易业态发展，提升贸易数字化水平。同时，以自贸试验区为先导稳步拓展制度型开放，完善沿江自由贸易试验区布局，在制度创新方面加大先行先试力度，深入开展首创性、差别化改革探索，增强沿江自贸试验区联动发展，为全国推进规则标准等制度型开放积累新经验、探索新路径。

三是统筹开放和安全。坚持总体国家安全观，把握好开放和安全的关系，突出防控措施的精准性，加强对国际形势和沿线国家营商风险的研判和预警，强化境外突发事件应急处理机制，深入落实外商投资安全审查、反垄断审查、国家技术安全清单管理、不可靠实体清单等制度。加强国际供应链保障合作，织密织牢开放安全网。统筹推进经贸摩擦预警体系建设，构建多元化纠纷解决机制，推动海外投资预警、利益保护等机制协同协作。云南作为沿边省份，应着力加强公共安全和卫生安全等建设，把安全发展贯穿沿边开发开放各领域和全过程，防范和化解各种风险，筑牢国家安全屏障。

第七章 长江经济带社会共享发展报告

2015—2020年长江经济带社会事业总体发展良好，11省市在城乡一体化、社会保险、就业、居民可支配收入、医疗卫生、教育事业等方面均取得了显著的成果。但同时，11省市之间、城乡之间社会事业发展依然存在着区域差距，本章将对长江经济带社会共享发展进行详细比较分析。

第一节 长江经济带社会共享指数分类分析

2020年长江经济带11省市的社会事业发展的整体情况和发展质量有了明显提升，居民基本养老保险保障水平明显增长，就业稳定，居民可支配收入稳定增长，医疗资源可达性提高，社会工作事业发展明显。

一、居民收入高于全国平均水平

居民可支配收入水平是经过初次分配和再分配后的最终收入指标，可以直接反映当地居民生活水准的高低。2020年，长江经济带11省市常住居民人均可支配收入总体均有较大幅度的增长，平均增速为6.15%，高于全国的平均增速4.74%。2020年受新型冠状病毒感染影响，各地区居民人均可支配收入数据都受到了较大影响。2019年长江经济带11省市常住居民人均可支配收入平均增速为9.39%，高于全国的平均增速8.87%。

从平均值来看，2020年全国居民人均可支配收入为32188.8元，同期长江经济带11省市居民人均可支配收入均值为33907.6元，高于全国水平5.34%。从长江经济带不同省市居民人均可支配收入绝对量看，各省市差距较大。最高为上海，达到72232.4元；其次为浙江和江苏，分别为52397.4元和43390.4元；最低为贵州，为21795.4元，仅仅为上海居民人均可支配收入的30.17%。

城乡居民人均可支配收入差距是反映当地城乡一体化水平的重要指标。2020年长江经济带11省市城镇居民人均可支配收入平均增速为4.59%，高于全国水平的3.48%。农村居民人均可支配收入平均增速为7.33%，高于全国水平的6.93%。2020年，长江经济带11省市城镇居民人均可支配收入平均为46135元，农村居民人均可支配收入平均为17907元，二者比值达2.58。从单一省市的发展情况看，贵州城乡居民收入差距最大，城乡居民人均可支配收入比达3.10，其次为云南2.92，最低为浙江1.96，上海和江苏均为2.19。

二、教育事业稳步推进

教育是促进个体发展的重要手段,最终影响当地经济社会的人才质量和结构。普通高校本专科在校学生数的规模及比重,可以较好地反映当地人才素质状况,预示经济发展的潜力,也与当地科创水平息息相关。

2020 年长江经济带各省市普通高校本专科在校学生总数为 1396.27 万人,占全国普通高校本专科在校学生总数的 42.50%,与经济体量比重基本持平。从均值来讲,长江经济带11 省市研究生在校学生数占常住人口比重均值为 23.04‰,略低于全国 23.26‰的水平。其中,重庆比重最高为 28.53‰,长江经济带 11 省市除浙江外,比重均超过 20‰。

义务教育是人才培养的基础,也是人力资本发展的后继力量。2020 年长江经济带初中在校学生数为 2087.08 万人,占全国初中在校学生总量的 42.47%。长江经济带初中生占常住人口比重为 3.44%,低于全国平均水平 3.48%。其中安徽、江西、湖南、重庆、贵州、云南初中生占常住人口比重高于全国水平,上海最低仅为 1.88%。2020 年长江经济带 11 省市小学在校学生数为 4371.15 万人,占全国小学在校学生总量的 40.76%。长江经济带小学在校学生数占常住人口的比重为 7.21%,低于全国平均水平 7.60%。其中安徽、江西、湖南、贵州、云南小学在校学生数占常住人口的比重高于全国水平,上海最低仅为 3.46%。

三、医疗卫生事业良性发展

医疗卫生事业是保障社会民生的重要方面,直接关系当地居民生老病养等切身利益。医疗卫生事业的良性发展是促使公民共享经济发展成果的重要组成部分。

2020 年长江经济带各省市医疗卫生事业发展平稳,11 省市医疗卫生机构数总量为 39.28 万个,占全国总量的 38.41%。其中,医院作为疾病和护理的综合疗养场所,其总量为 1.488 万个,占全国总量的 42.05%。2020 年长江经济带 11 个省市卫生技术人员总量为 457.656 万人,占全国卫生技术人员总量的比重为 42.86%。每千人卫生技术人员数平均为 7.55 人,与全国平均水平的 7.56 人基本持平。从各省市发展情况看,各省市每千人卫生技术人员数差别较大,上海最高为 8.62 人,其次为浙江 8.47 人,再次为江苏 7.85 人,江西最低为 6.33 人。

四、城镇就业稳定发展

城镇人员就业情况是各省市落实国家就业政策的重要体现,对维系社会稳定、促进就业增长、推动经济平稳发展具有重要作用。2020 年长江经济带各省市合计城镇就业人员数为 20126 万人,占全国城镇就业人员数比重为 43.50%,与经济体量比重基本持平。

城镇登记失业率亦是反映当地就业状况的另一项重要指标。2020 年末,11 省市城镇登记失业率除重庆为 4.49%外,其他省市均低于 4%,也低于同期全国 4.2%的平均水平。

第二节　长江经济带社会共享指数上、中、下游分析

一、上游地区社会共享指数分析

(一)比较分析

根据测算结果,2015—2020 年上游地区 4 省市社会共享指数得分情况见表 7-1。

表 7-1　　　　　2015—2020 年长江经济带上游社会共享指数得分情况

省市	2015 年	2016 年	2017 年	2018 年	2019 年	2020 年	均值	增幅/%
云南	89.63	91.62	94.70	99.40	103.88	100.19	96.57	11.78
贵州	87.66	88.64	91.52	95.45	99.82	104.29	94.56	18.97
四川	101.01	102.90	110.83	119.41	126.52	116.08	112.79	14.92
重庆	100.96	105.03	110.42	119.29	126.85	152.49	119.18	51.04
均值	94.82	97.05	101.87	108.39	114.27	118.26	105.77	24.73

社会共享领域,重庆社会共享指数得分最高,其次为四川,均处于上游平均水平之上;云南省排名第 3,贵州省该指数得分居末位。上游地区属于长江经济带经济欠发达地区,2020年上游居民人均可支配收入为 25546.41 元,远低于下游的 44949.06 元。同时,长江经济带上游地区城镇人均可支配收入为 38051.53 元,农村人均可支配收入为 14263.30 元,两者相差 23788.23 元,城乡收入比为 2.67,城乡居民可支配收入差距相对较大。因此在长江经济带高质量发展过程中,要合理推进城镇化发展,注重绿色城镇建设,推动城市生活和消费模式的绿色化转型,促进上游地区经济、社会和生态效益的协调发展。

(二)四川

根据测算结果,2015—2020 年四川社会共享指数变化情况见图 7-1。

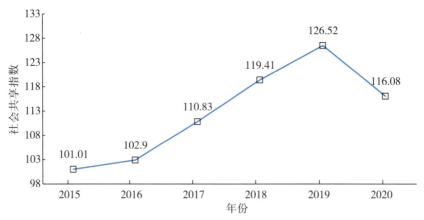

图 7-1　2015—2020 年四川社会共享指数变化情况

2015—2020 年,四川社会共享指数整体呈上升趋势,总值由 2015 年的 101.01 上升至 2020 年的 116.08,总增长 14.92%。2015—2019 年四川社会共享指数得分排名稳定在第 5 或 6 位,处于长江经济带 11 省市的中等水平。但 2020 年四川社会共享指数得分出现明显下降,下降到第 8 位水平,处于中等偏下水平。

社会共享类指标中,四川城乡居民基本养老保险保障水平从 2015 年的 1315.98 元/人上升到 2020 年的 1911.8 元/人,增长了 45.28%;年末城镇登记失业率从 4.1% 下降到 3.6%,降低了 0.5 个百分点;居民人均消费支出从 2015 年的 13632.1 元上升到 2020 年的 19783.4 元,增长 45.12%;每千人口拥有执业(助理)医生数从 2015 年的 2.21 人提升为 2020 年的 2.80 人;人均拥有公共图书馆藏量由 2015 年 0.41 册(件)提升为 2020 年 0.52 册(件);互联网宽带接入用户数由 2015 年 1424 万户,提升为 2020 年 2975.5 万户,增长了 108.95%;就业人员中受过高中及以上教育的人员占比从 26.9% 提升为 32.7%,提升了 5.8 个百分点。

(三)重庆

根据长江经济带高质量发展指数测算结果,2015—2020 年重庆社会共享指数变化情况见图 7-2。

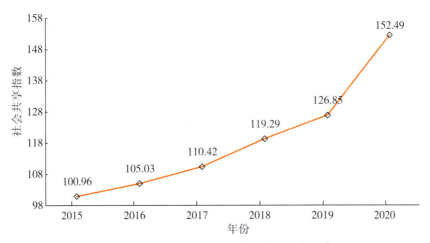

图 7-2　2015—2020 年重庆社会共享指数变化情况

2015—2020 年重庆社会共享指数呈显著上升趋势,得分由 2015 年的 100.96 上升至 2020 年的 152.49,增长了 51.04%。2015—2018 年重庆社会共享指数得分排名稳定在第 6 位,处于长江经济带 11 省市的中等水平。但 2019 年排名上升至第 5 位,2020 年排名上升为第 4 位,上升为中等偏上水平。

社会共享类指标中,重庆城乡居民基本养老保险保障水平从 2015 年的 1428.96 元/人上升到 2020 年的 1774.48 元/人,增长 24.18%;年末城镇登记失业率从 2015 年 3.6% 上升为 2020 年的 4.5%,上升了 0.9 个百分点;居民人均消费支出从 2015 年的 15139.5 元上升到 2020 年的 21678.1 元,增长 43.19％;每千人口拥有执业(助理)医生数从 2015 年的 2.02 人提升为 2020 年的 2.77 人;人均拥有公共图书馆藏量由 2015 年 0.43 册件提升为 2020 年 0.6 册(件);互联网宽带接入用户数由 2015 年 602.7 万户,提升为 2020 年 1228.4 万户,增长了 103.82％;就业人员中受过高中及以上教育的人员占比从 36.6％提升为 43.3％,提升了 6.7 个百分点。

(四)云南

根据指数测算结果,2015—2020 年云南社会共享指数变化情况见图 7-3。

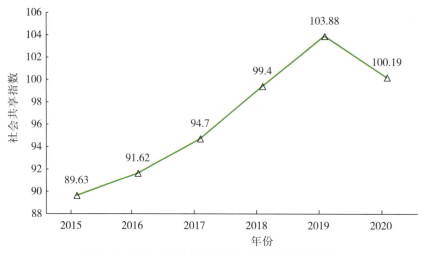

图 7-3　2015—2020 年云南社会共享指数变化情况

2015—2020 年云南社会共享指数呈上升趋势,得分由 2015 年的 89.63 上升至 2020 年的 100.19,增长了 11.78％。2015—2019 年云南社会共享指数得分排名稳定在第 10 位,2020 年排名下降为第 11 位,处于长江经济带 11 省市的下游水平。

社会共享类指标中,云南城乡居民基本养老保险保障水平从 2015 年的 1063.03 元/人上升到 2020 年的 1532.86 元/人,增长 44.20％;年末城镇登记失业率从 2015 年 4.0％下降到 2020 年的 3.9％,降低了 0.1 个百分点;居民人均消费支出从 2015 年的 11005.4 元上升到 2020 年的 16792.4 元,增长 52.58％;每千人口拥有执业(助理)医生数从 2015 年的 1.68 人提升为 2020 年的 2.6 人;人均拥有公共图书馆藏量由 2015 年 0.41 册(件)提升为 2020 年 0.5 册(件);互联网宽带接入用户数由 2015 年 537.3 万户,提升为 2020 年 1228.4 万户,增长了 128.62％;就业人员中受过高中及以上教育的人员占比从 19.9％提升为 25.3％,提升了 5.4 个百分点。

(五)贵州

根据测算结果,2015—2020 年贵州社会共享指数变化情况见图 7-4。

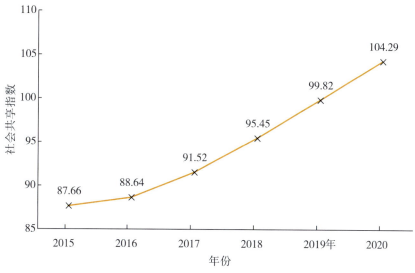

图 7-4　2015—2020 年贵州社会共享指数变化情况

2015—2020 年贵州社会共享指数呈上升趋势,得分由 2015 年的 87.66 上升至 2020 年的 104.29,增长了 18.97％。2015—2019 年贵州社会共享指数得分排名稳定在第 11 位,2020 年排名上升为第 10 位,但依然处于长江经济带 11 省市的下游水平。

社会共享类指标中,贵州城乡居民基本养老保险保障水平从 2015 年的 1064.67 元/人上升到 2020 年的 1339.57 元/人,增长 25.82％;年末城镇登记失业率从 2015 年 3.3％上升到 2020 年的 3.8％,上升了 0.5 个百分点;居民人均消费支出从 2015 年的 10413.8 元上升到 2020 年的 14873.8 元,增长了 42.83％;每千人口拥有执业(助理)医生数从 2015 年的 1.80 人提升为 2020 年的 2.53 人;人均拥有公共图书馆藏量由 2015 年 0.35 册件提升为 2020 年 0.4 册(件);互联网宽带接入用户数由 2015 年 386.8 万户,提升为 2020 年 1002.4 万户,增长了 159.15％;就业人员中受过高中及以上教育的人员占比从 18.8％提升为 23.8％,提升了 5 个百分点。

二、中游地区社会共享指数分析

(一)比较分析

根据测算结果,2015—2020 年中游地区 3 省社会共享指数得分情况见表 7-2。

社会共享指数方面,湖北社会共享指数得分最高,高于中游均值水平;其次为湖南,2020 年略高于中游地区均值水平,基本与均值线重合;江西得分最低,位于中游均值水平以下。从增长速度上看,湖南增长速度最快,增长 29.11％,其次是湖北增长 28.41％。长江经济带中游地区处于长江上游地区向下游地区过渡的地带,2020 年中游居民人均可支配收入为 28506.12 元,略高于上游地区的 25546.41 元,但低于下游的 44949.06 元。同时,长江经济带中游地区城镇人均可支配收入为 39100.50 元,农村人均可支配收入为 16601.73 元,两者相差 22498.77 元,城乡收入比为 2.36,几乎与下游的城乡收入比 2.35 相等,城乡居民可支配收入差距低于上游地区。

表 7-2　　　　　　　　2015—2020 年长江经济带中游社会共享指数情况

省市	2015 年	2016 年	2017 年	2018 年	2019 年	2020 年	均值	增幅/%
江西	95.39	95.13	99.57	104.58	109.24	112.77	102.78	18.22
湖北	103.75	107.45	111.94	120.20	127.22	133.23	117.30	28.41
湖南	97.03	99.37	104.93	111.57	118.99	125.28	109.53	29.11
均值	98.72	100.65	105.48	112.12	118.48	123.76	109.87	25.36

(二)湖北

根据测算结果,2015—2020 年湖北社会共享指数变化情况见图 7-5。

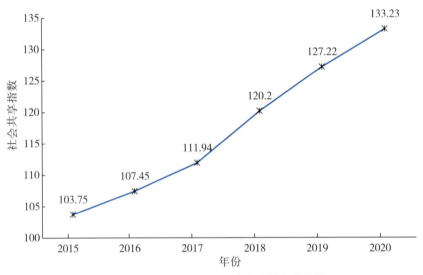

图 7-5　2015—2020 年湖北社会共享指数变化情况

2015—2020 年湖北社会共享指数呈逐年上升趋势,得分由 2015 年的 103.75 上升至 2020 年的 133.23,增长了 28.41%。2015—2019 年湖北社会共享指数得分排名稳定在第 4 位,2020 年排名下降到第 5 位,但依然处于长江经济带 11 省市的中等偏上水平。

社会共享类指标中,湖北城乡居民基本养老保险保障水平从 2015 年的 1122.50 元/人上升到 2020 年的 1869.81 元/人,增长 66.58%;年末城镇登记失业率从 2015 年 2.6% 上升到 2020 年的 3.4%,上升了 0.8 个百分点;居民人均消费支出从 2015 年的 14316.5 元上升到 2020 年的 19246 元,增长 34.43%;每千人口拥有执业(助理)医生数从 2015 年的 2.32 人提升为 2020 年的 2.78 人;人均拥有公共图书馆藏量由 2015 年 0.51 册(件)提升为 2020 年 0.8 册(件);互联网宽带接入用户数由 2015 年 1014.4 万户,提升为 2020 年 1870.2 万户,增长了 84.37%;就业人员中受过高中及以上教育的人员占比从 37.3% 提升为 39.1%,提升了 1.8 个百分点。

(三)湖南

根据测算结果,2015—2020 年湖南社会共享指数变化情况见图 7-6。

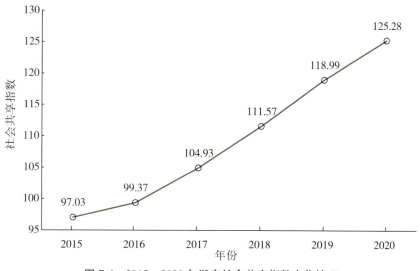

图 7-6　2015—2020 年湖南社会共享指数变化情况

2015—2020 年湖南社会共享指数呈稳步上升趋势,湖南社会共享指数得分从 2015 年的 97.03 增长至 2020 年的 125.28,增长了 29.11%。2015—2019 年湖南社会共享指数得分排名稳定在第 7 位,2020 年排名上升到第 6 位,处于长江经济带 11 省市的中等水平。

社会共享类指标中,湖南城乡居民基本养老保险保障水平从 2015 年的 1066.03 元/人上升到 2020 年的 1694.9 元/人,增长 58.99%;年末城镇登记失业率从 2015 年 4.1% 上升到 2020 年的 2.7%,下降了 1.7 个百分点;居民人均消费支出从 2015 年的 14267.3 元上升到 2020 年的 20997.6 元,增长 47.17%;每千人口拥有执业(助理)医生数从 2015 年的 2.22 人提升为 2020 年的 2.86 人;人均拥有公共图书馆藏量由 2015 年 0.38 册(件)提升为 2020 年 0.6 册(件);互联网宽带接入用户数由 2015 年 910.5 万户,提升为 2020 年 2113.2 万户,增长为 132.09%;就业人员中受过高中及以上教育的人员占比从 35% 提升为 43.9%,提升了 8.9 个百分点。

(四)江西

根据测算结果,2015—2020 年江西社会共享指数变化情况见图 7-7。

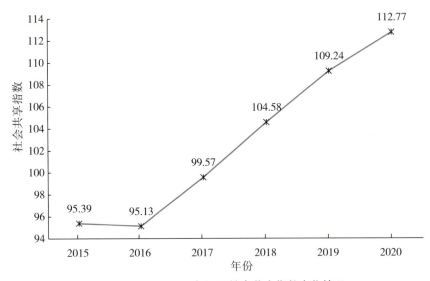

图 7-7　2015—2020 年江西社会共享指数变化情况

2015—2020 年江西省社会共享指数呈整体上升趋势,江西省社会共享指数得分从 2015 年的 95.39 增长至 2020 年的 112.77,增长了 18.22％。2015—2020 年江西社会共享指数得分排名稳定在第 9 位,处于长江经济带 11 省市的中等偏下水平。

社会共享类指标中,江西城乡居民基本养老保险保障水平从 2015 年的 1117.15 元/人上升到 2020 年的 1573.32 元/人,增长 40.83％;年末城镇登记失业率从 2015 年的 3.4％一直到 2020 年依旧是 3.4％,没有变化;居民人均消费支出从 2015 年的 12403.4 元上升到 2020 年的 17955.3 元,增长 44.76％;每千人口拥有执业(助理)医生数从 2015 年的 1.68 人提升为 2020 年的 2.32 人;人均拥有公共图书馆藏量由 2015 年 0.47 册(件)提升为 2020 年 0.6 册(件);互联网宽带接入用户数由 2015 年 710.9 万户,提升为 2020 年 1510.5 万户,增长了 112.48％;就业人员中受过高中及以上教育的人员占比从 32％提升为 32.7％,提升了 0.7 个百分点。

三、下游地区社会共享指数分析

(一)比较分析

根据测算结果,2015—2020 年下游地区 4 省市社会共享指数得分情况见表 7-3。

社会共享指数方面,上海社会共享指数得分最高,远高于下游地区均值水平;其次为浙江,2020 年略高于下游地区均值水平,在近几年变化中曲线有交叉情况;江苏社会共享指数得分略低于下游地区均值水平;安徽得分最低,远低于其他 3 省市。从增长速度上看,浙江增长速度最快,增长了 59.75％,其次是上海和江苏,分别增长了 38.64％和 38.09％。下游地区是长江经济带最发达的经济区,2020 年下游居民人均可支配收入为 44949.06 元,远高于上游地区的 25546.41 元和中游地区的 28506.12 元。同时,下游地区城镇人均可支配收入为 55980.36 元,农村人均可支配收入为 23832.85 元,两者相差 32147.51 元,城乡收入比为 2.35,也是上、中、下游地区中城乡收入比最小的。

表 7-3　　　　　　　　2015—2020 年长江经济带下游地区社会共享指数

省市	2015 年	2016 年	2017 年	2018 年	2019 年	2020 年	均值	增幅/%
上海	206.24	223.85	238.16	258.89	273.95	285.93	247.84	38.64
江苏	136.60	141.96	156.73	169.53	180.59	188.63	162.34	38.09
浙江	139.83	147.21	159.86	184.67	203.52	223.38	176.41	59.75
安徽	95.80	97.40	103.21	110.89	116.42	123.08	107.80	28.48
均值	144.62	152.61	164.49	181.00	193.62	205.26	173.60	41.93

(二)上海

根据测算结果,2015—2020 年上海社会共享指数变化情况见图 7-8。

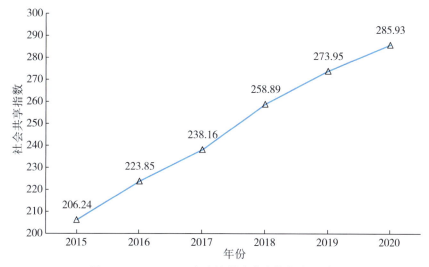

图 7-8　2015—2020 年上海社会共享指数变化情况

2015—2020 年上海社会共享指数呈整体上升趋势,上海社会共享指数得分从 2015 年的 206.24 增长至 2020 年的 285.93,增长了 38.64%。2015—2020 年上海市社会共享指数得分排名一直稳定在第 1 位,始终处于长江经济带 11 省市的领先水平。

社会共享类指标中,上海城乡居民基本养老保险保障水平从 2015 年的 9938.40 元/人上升到 2020 年的 16059.56 元/人,增长 61.59%;年末城镇登记失业率从 2015 年 4.0% 下降到 2020 年的 3.7%,降低了 0.3 个百分点;居民人均消费支出从 2015 年的 34783.6 元上升到 2020 年的 42536.3 元,增长 22.29%;每千人口拥有执业(助理)医生数从 2015 年的 2.61 人提升为 2020 年的 3.15 人;人均拥有公共图书馆藏量由 2015 年 3.13 册(件)提升为 2020 年 3.3 册(件);互联网宽带接入用户数由 2015 年 568.8 万户,提升为 2020 年 919 万户,增长了 61.57%;就业人员中受过高中及以上教育的人员占比从 65% 提升为 66.6%,提升了 1.6 个百分点。

(三)江苏

根据测算结果,2015—2020 年江苏社会共享指数变化情况见图 7-9。

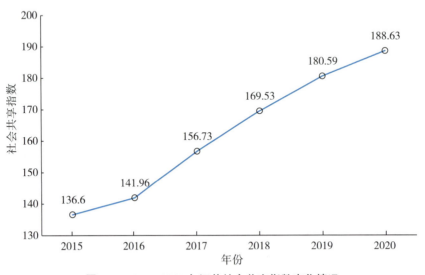

图 7-9   2015—2020 年江苏社会共享指数变化情况

2015—2020 年江苏社会共享指数呈稳定上升趋势,江苏社会共享指数得分从 2015 年的 136.60 增长至 2020 年的 188.63,增长了 38.09%。2015—2020 年江苏社会共享指数得分排名一直稳定在第 3 位,始终处于长江经济带 11 省市的上游水平。

社会共享类指标中,江苏城乡居民基本养老保险保障水平从 2015 年的 2087.00 元/人上升到 2020 年的 3232.98 元/人,增长 54.91%;年末城镇登记失业率从 2015 年 3.0% 上升到 2020 年的 3.2%,上升了 0.2 个百分点;居民人均消费支出从 2015 年的 20555.6 元上升到 2020 年的 26225.1 元,增长 27.58%;每千人口拥有执业(助理)医生数从 2015 年的 2.37 人提升为 2020 年的 3.16 人;人均拥有公共图书馆藏量由 2015 年 0.86 册(件)提升为 2020 年 1.2 册(件);互联网宽带接入用户数由 2015 年 2346.3 万户,提升为 2020 年 3756.8 万户,增长了 60.12%;就业人员中受过高中及以上教育的人员占比从 44.2% 提升为 45.6%,提升了 1.4 个百分点。

(四)浙江

根据测算结果,2015—2020 年浙江社会共享指数变化情况见图 7-10。

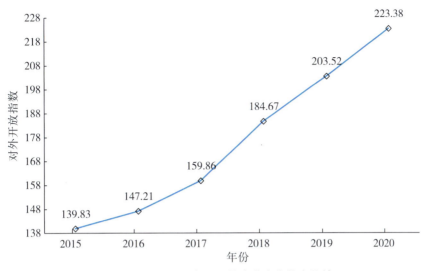

图 7-10　2015—2020 年浙江社会共享指数变化情况

2015—2020 年浙江省社会共享指数呈迅猛上升趋势,浙江省社会共享指数得分从 2015 年的 139.83 增长至 2020 年的 223.38,增长了 59.75%。2015—2020 年浙江社会共享指数得分排名一直稳定在第 3 位,始终处于长江经济带 11 省市的上游水平。

社会共享类指标中,浙江城乡居民基本养老保险保障水平从 2015 年的 2601.67 元/人上升到 2020 年的 3783.36 元/人,增长 45.42%;年末城镇登记失业率从 2015 年 2.9% 下降到 2020 年的 2.8%,下降了 0.1 个百分点;居民人均消费支出从 2015 年的 24116.9 元上升到 2020 年的 31294.7 元,增长 29.76%;每千人口拥有执业(助理)医生数从 2015 年的 2.85 人提升为 2020 年的 3.37 人;人均拥有公共图书馆藏量由 2015 年 1.13 册(件)提升为 2020 年 1.5 册(件);互联网宽带接入用户数由 2015 年 1906.8 万户,提升为 2020 年 2938.8 万户,增长了 54.12%;就业人员中受过高中及以上教育的人员占比从 43.2% 提升为 47%,提升了 3.8 个百分点。

(五)安徽

根据测算结果,2015—2020 年安徽省社会共享指数变化情况见图 7-11。

2015—2020 年安徽社会共享指数呈逐步上升趋势,安徽社会共享指数得分从 2015 年的 95.80 增长至 2020 年的 123.08,增长了 28.48%。2015—2019 年,安徽社会共享指数得分排名一直稳定在第 8 位,2020 年安徽社会共享指数得分排名上升至第 7 位,始终处于长江经济带 11 省市的中游水平。

社会共享类指标中,安徽城乡居民基本养老保险保障水平从 2015 年的 1069.15 元/人上升到 2020 年的 1607.85 元/人,增长 50.39%;年末城镇登记失业率从 2015 年 3.1% 上升到 2020 年的 3.2%,上升了 0.1 个百分点;居民人均消费支出从 2015 年的 12840.1 元上升到 2020 年的 18877.3 元,增长 47.02%;每千人口拥有执业(助理)医生数从 2015 年的 1.75

人提升为 2020 年的 2.69 人；人均拥有公共图书馆藏量由 2015 年 0.32 册（件）提升为 2020 年 0.6 册（件）；互联网宽带接入用户数由 2015 年 913.3 万户，提升为 2020 年 2093 万户，增长了 129.17％；就业人员中受过高中及以上教育的人员占比从 26.9％提升为 32％，提升了 5.1 个百分点。

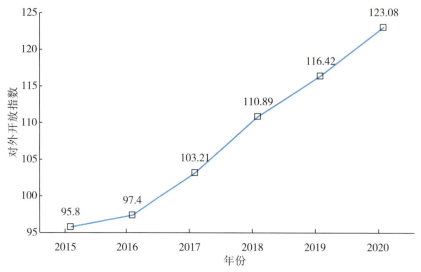

图 7-11　2015—2020 年安徽社会共享指数变化情况

第三节　长江经济带社会共享发展的实践举措

一、浙江以多渠道灵活就业稳就业

为加快恢复和稳定就业，浙江进一步拓宽就业渠道，强化灵活就业服务保障，支持多渠道灵活就业。

一是拓展新业态就业渠道。推动电商新零售、移动出行、网络教育培训、远程办公、数字文旅、在线娱乐等发展，为劳动者居家就业、兼职就业创造条件。探索完善医疗、教育等行业从业人员多点执业新模式。培育直播电商基地，开展"村播计划""美好生活浙播季"和"浙造好物"推广行动。

二是优化新业态职业发展环境。各地通过政府购买服务形式，鼓励院校、培训机构、平台企业承接开发新职业标准、培训课程、评价规范等服务。开展新就业形态技能提升和就业促进项目试点，提高从业人员就业稳定性。加大新业态人才在落户、岗位聘任、职务职级晋升、职称评定、职业技能鉴定等方面的支持力度。

三是优化人力资源服务。各级公共就业人才服务机构要开展新业态灵活就业专场招聘活动，免费为灵活就业人员提供档案托管服务。人力资源服务机构为灵活就业人员推荐就业、提供用工余缺调剂等服务,按规定给予就业创业服务补贴。将有培训需求的灵活就业人员纳入职业技能提升行动范围,落实培训补贴政策。各地可采用政府购买服务等方式,开展平台企业新业态从业人员信息采集和监测统计工作。

四是推进灵活就业用工多样化。用人单位依法使用非全日制用工的,可以与从业人员签订书面劳动合同或者订立口头协议;在不影响本单位工作任务完成且原单位未限制的情况下,从业人员可以与其他单位建立劳动关系。用人单位与从业人员未建立劳动关系的,双方可通过劳务外包、加盟协作和其他合作关系等形式,签订民事协议,合理确定权利和义务。

五是引导更多灵活就业人员参加社会保险。灵活就业人员可按规定以个人身份参加城镇职工基本养老保险或城乡居民基本养老保险。完善新业态从业人员职业伤害保障机制,新业态平台企业可为从业人员单险种参加工伤保险。非全日制就业人员与多家用人单位建立劳动关系的,每家用人单位应当分别为其缴纳工伤保险费。

二、湖北以公共防疫推动医疗健康事业创新发展

面对突如其来的新型冠状病毒感染,湖北统筹疫情防控和经济社会发展,推动全民健康、健康扶贫和医院综合改革取得突破性发展。

(一)创新全民健康信息化、体系化、集约化发展

信息化建设与应用是对突发公共卫生事件处置十分重要的信心支撑。国务院《关于做好新冠肺炎疫情常态化防控工作的指导意见》(国发明电〔2020〕14号)要求,充分发挥信息化在支撑疫情监测分析、创新诊疗模式、提升服务效率、促进人员安全有序流动等方面的作用。新型冠状病毒感染暴发后,湖北省快速开展疫情防控大数据建设、接种门诊智慧化建设、实验室信息化建设、职业健康体检信息化建设等工作,通过建立数据共享、共用的工作机制,数据一次采集、多部门吸收利用,不断提高医防信息利用率和对各类疾病发病趋势的预警监控能力。2022年,国家卫生健康委第二批100个数字健康典型案例中,湖北选送的6个典型案例榜上有名,典型案例数量位居全国前列。

武汉市卫生健康委申报的"武汉市公共卫生应急指挥系统"典型案例,获评可复制推广的全国十大数字健康示范案例。武汉市重点针对数据"孤岛"问题,对全市涉疫数据实施全口径、全要素、全流程、全业务的整合、治理与应用,形成"数据同城同管"模式,实现多点触发预警,通过数据驱动业务闭环,支撑疫情常态化联防联控工作机制。"武汉市公共卫生应急指挥系统"于2020年3月投入使用以来,日均排查各类风险信息4万余条,为近2.5万名各级疫情防控人员提供智能化系统支持。"武汉市公共卫生应急指挥系统"作为湖北省公共卫生应急管理平台的组成部分,为全省公共卫生应急管理平台建设应用探索了有效路径。湖北省公共卫生应急管理平台将依托全省健康医疗大数据中心,围绕"一屏知家底、一网全监测、一键达基层、一个平台管全省"目标,突出"医防融合""平战结合"功能,强化公共卫生、应

急指挥、医疗救治、卫生资源、疫情防控等业务协同,建立业务流程、数据流向双闭环,支撑疫情科学决策和精准防控。

潜江市卫生健康委申报的"潜江市全民健康信息平台建设与应用"、华中科技大学同济医学院附属协和医院申报的"武汉协和医院数据安全体系建设"、华中科技大学同济医学院附属同济医院申报的"大型医院多院区一体化云平台体系的构建与应用研究"、武汉大学中南医院申报的"新冠肺炎智能影像协同分级防控平台"、湖北省中医院申报的"湖北省中医馆健康信息平台助力提升基层中医药服务能力"也分别入选全民健康信息平台建设应用、健康医疗大数据应用发展、医学新兴技术智能应用、网络信息与数据安全等方面的数字健康典型案例,充分发挥了全民健康信息化引领支撑卫生健康事业高质量发展的典型示范带动作用。

(二)推进健康扶贫工程,落实健康扶贫政策

湖北启动实施县域综合医改,分级诊疗加快推进,启动 6 个城市医联体建设,组建 126 个县域医共体,县域就诊率稳定在 90% 以上。建立"基本医保＋大病保险＋医疗救助＋补充医疗保险"四位一体工作机制,落实健康扶贫"985"政策,全省 189 万因病致贫贫困人口实现稳定脱贫,因病致贫返贫问题得到基本解决,为全面建成小康社会做出了应有贡献。

(三)深化医院综合改革,建立现代医院管理制度

湖北深化拓展公立医院综合改革,现代医院管理制度初步建立,全部取消药品、医用耗材加成,将薪酬制度改革试点扩大到二级以上医院,三级公立医院绩效考核全面实施。同时加强药品供应保障能力,基本药物数量由 520 种增加到 685 种,短缺药品供应保障机制逐步完善。同时深化基层医疗卫生综合改革,乡村医生养老保障制度实现全覆盖,一般诊疗费和基层医务人员绩效工资总量稳步提升。

三、四川以推进基本公共服务均等化引领社会事业创新发展

四川以优化服务供给为出发点,不断推进基本公共服务均等化,推动社会治理能力现代化发展。

(一)夯实基层基础,推动服务下延下沉

坚持夯基础、补短板、强弱项,推动重心下移、力量下沉、服务下延。主动适应乡镇体制改革,全力做好"后半篇文章",积极构建"城市 10 分钟＋农村 5 公里"人社服务圈,缩短群众办事半径。全省服务网点布局更加合理,基层平台场所设置、外观形象等基本一致,乡镇(街道)平台标准化率达到 95%;社区服务站点(窗口)标准化率达到 95.8%;行政村服务站点(窗口)建成率达到 97%,建成标准化"社银一体化"网点 1400 余个,推动服务事项向基层平台下沉、向银行等网点延伸,实现窗口服务"向前移",人社业务"就近办"。

(二)推动数字转型,强化服务信息支撑

坚持互联网思维,把"互联网＋人社"行动计划作为推进系统行风建设的关键技术支撑,

整合要素资源,抢抓发展机遇,大力推进全省统一的公共服务信息平台建设,强化业务系统省级集中,推动对内对外数据共享,实现业务系统互联互通。全省统一的就业创业 V2.0 信息系统和社会保险信息系统推广到 20 个市(州)全面应用,社保卡持卡人数达 9000 万。推进实体大厅、网上平台、移动客户端、自助终端、服务热线等线上线下资源融合发展,不断拓展线上应用渠道,越来越多的人社服务实现网上办、掌上办、指尖办,基本实现线上业务"单点登录、全网通办"。2020 年以来,全省人社系统通过网络、手机、自助终端等信息化方式提供服务 1.4 亿人次。四川省人社信息化应用入选全国 2020 年数字化转型十大优秀案例。

(三)强化服务协同,打破纵横互通壁垒

坚持需求导向,创新工作思路,从流程整合和信息支撑两个维度优化服务,扎实推进"人社服务快办行动",实现事项打包、材料减负、办理提速、满意度加分。加强区域协同发展,签署川渝人社公共服务合作协议,圆满完成攻坚人社信息化"两地通"、养老保险待遇资格"就地认"、招聘求职"一点通"、人才流动档案办理"零跑路"、社会保障卡"就近办"五件大事,推动 24 项服务入驻"川渝通办"专区、实现"全程网办"。深入推进"人社服务疏堵去痛解难"专项行动,着力砍证明、减材料、优流程、压时限,人社服务运行制度、服务项目基本统一,90%以上的人社服务事项实现"最多跑一次",21 个市本级和 177 个县(市、区)全面实施综合柜员制,各类事项"一窗"受理,服务效率普遍提升 50%以上。

(四)锤炼干部作风,提升队伍专业素养

坚持把干部队伍放在行风建设一线磨砺摔打,全面提升干部能力素质和专业水准。扎实开展练兵比武活动,组织全省近 5 万名干部参与"日日学、周周练、月月比",开展选拔赛、晋级赛、总决赛等近百场次竞赛活动,以比促练、以练促用,连续两年问鼎全国练兵比武总冠军。分级分类实施"人社公共服务能力提升计划",出台《窗口服务规范》《窗口工作人员考核办法》等制度,规范窗口服务行为。因地制宜推行延时服务、上门服务、预约服务、代办服务等六项温馨服务,探索部分低风险人社业务容缺办理,全面推行告知承诺制,不断优化群众办事体验。组织开展作风纪律专项整治行动,梳理十类典型问题,提出十大整改举措,派出 5 个工作组不打招呼深入一线暗访督查,督促各地对标对表,全力抓好整改落实,不断提升行风建设实效。

第四节　推进长江经济带社会共享发展的对策建议

高质量发展的根本目的是满足人们对美好生活的向往,长江经济带高质量发展以不断提高人民生活水平为出发点和落脚点,统筹好乡村振兴、医疗卫生、社会保障服务等各方面工作。

一、全面实施乡村振兴战略

一是突出农村产业振兴。以农业供给侧结构性改革为主线，以各区域农村产业特点、条件和需求为基础，优化农业产业结构，延伸农业产业链条，在做强做优特色农业的同时，推进品牌建设，提高区域产品竞争力。二是加快推进人才振兴。激励各类人才到农村，培养造就一支新型"三农"人才队伍，提高农村专业人才服务保障能力。三是深入推进农村改革。探索农村集体经济发展新路径，适度推进宅基地"三权分置"改革，盘活闲置宅基地和闲置房屋；强化村级组织自我保障和服务农民的能力；完善土地流转规范管理制度。

二、加强应急管理能力建设

一是推进疾病预防控制体系改革。加快公共卫生事件应急处置能力，构建体系健全、分工明确、反应快速、运转高效、指挥有力的公共卫生应急管理体系；健全疾控机构与卫健部门、各医疗机构、城乡社区联动机制，做优做强基层医疗卫生机构，全面推动平战结合、医防协同机制创新。二是提升空间韧性。区域层面，合理规划区域国土空间，留足区域生态冗余空间；城市层面，以"应急暂定利用空间和设施规划"为导向，合理布局应急场所用地和实施；社区层面，加快老旧小区改造，优化完善城市应急基本空间单元。三是完善社区治理。以政府治理、社会调节和居民自治为指导，在城市，以街道、社区、小区、物业为重点，构建"15分钟生活圈"；在乡村，以乡镇、村为重点，加强乡镇干部、村委会成员以及党员治理能力建设。

三、健全多层次社会保障制度体系

一是完善社会保障项目和形式。以社会保险为主体，社会救助保底层，积极完善社会福利、慈善事业、优抚安置等制度，对社会发展中经济基础薄弱的行业和地区，特别是对落后地区的产业发展，有针对性地采取社会托底政策。二是完善社会保障法律体系。探索数字经济时代灵活就业人员的劳动关系，尤其是未参保人员的社保吸纳方式，以"互联网＋"等信息技术为支撑，加强对灵活就业人员数据采集、共享及监管。

参考文献

[1] 习近平在深入推动长江经济带发展座谈会上的讲话(2018年4月26日),新华社北京,2018年6月13日电.

[2] 习近平,使长江经济带成为我国生态优先绿色发展主战场(2020年11月14日),载《习近平谈治国理政第四卷》,外文出版社2022年版,第357页.

[3] 习近平在深入推动长江经济带发展座谈会上的讲话(2018年4月26日),新华社北京,2018年6月13日电.

[4] 习近平. 在十八届中央政治局第六次集体学习时的讲话(2013年5月24日),载《习近平关于全面建成小康社会论述摘编》,中央文献出版社2016年版,第165页.

[5] 任保平,文丰安. 新时代中国高质量发展的判断标准、决定因素与实现途径[J]. 改革,2018,(4):5-16.

[6] 师博,任保平. 中国省际经济高质量发展的测度与分析[J]. 经济问题,2018,(4):1-6.

[7] 张文会,乔宝华. 构建我国制造业高质量发展指标体系的几点思考[J]. 工业经济论坛,2018,(4):27-32.

[8] 刘尧远,韩曙平,黄萍. 江苏沿海城市经济高质量发展水平研究[J]. 大陆桥视野,2019,(7):44-48.

[9] 彭智敏,汤鹏飞,吴晗晗. 长江经济带高质量发展指数报告[M]. 武汉:长江出版社,2018.

[10] 彭智敏,汤鹏飞,吴晗晗 长江经济带高质量发展指数报告—2019[M]. 武汉:长江出版社,2020.

[11] 吕承超,崔悦. 中国高质量发展地区差距及时空收敛性研究[J]. 数量经济技术经济研究,2020,(9):62-79.

[12] 刘家学. 时序多指标决策的层次分析法[J]. 系统工程与电子技术,1998,(3):28-31.

[13] 杨万平,袁晓玲. 对外贸易、FDI对环境污染的影响分析——基于中国时间序列的脉冲响应函数分析:1982-2006[J]. 世界经济研究,2008,(12):62-68.

[14] 长三角区域合作办公室编.长三角一体化发展实践创新案例集[M].上海:2020.

[15] 陈建军,黄洁.长三角一体化发展示范区:国际经验、发展模式与实现路径[J].学术月刊,2019,51(10):46-53.

[16] 毛羽佳,梁玥.长江经济带创新驱动协同发展研究[J].长江技术经济,2022,6(1):31-35.

[17] 冯翔慧.协同共进破困局 绿色发展谱新篇——长江经济带协同创新发展纪实[J].中国科技产业,2021,(1):54-55.

[18] 王曦.长江经济带和内陆开放经济背景下江西科技创新发展路径研究[D].南昌:南昌大学,2021.

[19] 探索长江经济带产业协同发展之路[DB/OL].中国社会科学网,2021-10-28.

[20] 推动长江经济带高质量发展系列宣传文章——塑造创新驱动发展新优势[DB/OL].国家发展改革委,2021-12-20.

[21] 以协同创新驱动长江经济带高质量发展[DB/OL].中国网,2021-12-28.

[22] 打造长三角科技协同创新共同体 引领构建新发展格局[DB/OL].中国社会科学网,2022-06-01.

[23] 奋进新征程 建功新时代·非凡十年——推动长江经济带高质量发展[DB/OL].人民日报,2022-09-03.

[24] 彭智敏,白洁,吴晗晗,等.长江经济带高质量发展理论与湖北实践研究[M].武汉:长江出版社,2020.

[25] 李海明."十四五"时期推动长江经济带制造业转型升级的重点任务和举措[J].湖北经济学院学报(人文社会科学版),2021,(10):32-43.

[26] 浙江创新城乡区域协调发展模式 共富路上一起走[DB/OL].光明网,2021-08-24.

[27] 四川打造新时代区域协作样板[N].经济日报,2022 年 8 月 2 日.

[28] 谢永琴,武小英,宋月姣.长江经济带对外开放度时空演化特征及影响因素[J].统计与决策,2022,38(8):123-128.

[29] 李强,夏海清.双循环背景下二重开放的资源错配效应——来自长江经济带的例证[J].辽宁工业大学学报(社会科学版),2022,24(1):23-29.

[30] 刘名武,姜山.长江经济带港口发展对城市对外开放影响研究——基于长江经济带集装箱港运作效率的分析[J].价格理论与实践,2021,(11):177-180.

[31] 熊雪蕾.长江经济带经济韧性的时空分析与影响因素研究[D].开封:河南大学,2021.

[32] 开放型经济[DB/OL].江苏省政府门户网站,2022-5-9.

〔33〕内陆国际物流枢纽和口岸高地建设 重庆今年力争实现"六个新突破"〔DB/OL〕.重庆日报,2021-1-11.

〔34〕这五年,上海对外经贸:更开放、更便捷、更坚韧！〔DB/OL〕.国际金融报,2022-06-24.

〔35〕杨杰.全方位服务湖北高水平开放〔DB/OL〕.政策,2019-12-13.

〔36〕鄂杰.长江经济带高质量发展面临的难点及对策建议〔DB/OL〕.中国网,2022-06-16.

后 记

推动长江经济带发展,是以习近平同志为核心的党中央作出的重大决策,是关系国家发展全局的重大战略。实现高质量发展是推动长江经济带发展的重要路径和目标,而开展长江经济带高质量发展的评价是其中一项重要任务。

湖北省社会科学院研究团队在 2018 年和 2019 年长江经济带高质量发展指数研究的基础上,以 2020 年习近平在全面推动长江经济带发展座谈会上的讲话精神为指导,再次启动指数研究。全书共 7 章内容,首席专家为张静,各章节执笔人及具体分工情况如下:第一章吴晗晗;第二章汤鹏飞;第三章吴晗晗;第四章刘陶;第五章陈丽媛;第六章叶青清;第七章宋哲、吴晗晗。湖北省社科院区域经济学硕士点的研究生参与了数据的收集与整理,为指数测算和书稿完成打下了良好的基础。

本项目的研究得到了多方的支持,湖北省社会科学院的张忠家书记对本项目研究和图书出版工作一直非常重视,并给予具体指导,刘光远院长、袁北星副院长、魏登才院长等院领导对本项研究都提出了建设性意见。长江出版社为本书出版编辑付出了辛勤劳动,谨此一并致谢!

30 多年前,湖北省社会科学院开始关注、重视长江流域经济社会发展研究,并在全国率先成立了专门的研究机构——长江流域经济研究所,但关于长江经济带高质量发展的理论和对策研究仍然任重道远。希望本书的研究能对促进这一伟大事业的发展做出一份贡献,期待与我国学者和相关政府部门共同携手,完善长江经济带高质量发展的评价体系,助力长江经济带高质量发展。